ESPIRITISMO FÁCIL

Luis Hu Rivas

Índice

Los principios espíritas 4
Las tres revelaciones 6
Los fenómenos de Hydesville 8
Las mesas giratorias 10
Allan Kardec 12
Dios 14
Escala espírita 16
Periespíritu 18
Influencia Espiritual 20
Los sueños 22
Mediumnidad 24
Los médiuns 26
Psicografía 28
Chico Xavier 30
Reencarnación 32
La Tierra 34
Oración 36
Jesus 38
Linea del tiempo espírita 40
Mapa geográfico espírita 42

Princípios Espíritas

La Doctrina Espírita se expresa en tres aspectos: ciencia, filosofía y religión. Los principios fundamentales reposan en la restauración del Evangelio de Jesús, a fin de renovar al hombre y su futuro espiritual.

Precedentes

Los fenómenos de Hydesville
Las mesas giratorias
El trabajo de Allan Kardec

EL ESPIRITISMO

Ciencia que observa y estudia los Espíritus. Sus comunicaciones y sus enseñanzas, surge una filosofía que produce consecuencias de transformación moral, religiosa y espiritual en los hombres.

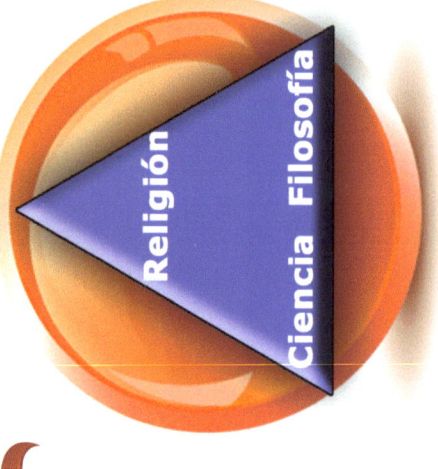

INMORTALIDADE DEL ALMA

La existencia de los Espíritus no tiene fim.

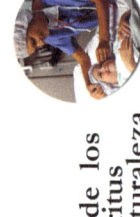

Periespíritu
Substancia semi-material que conecta el alma al cuerpo físico.

Espíritu
Ser inteligente de la creación divina.

Influencia Espiritual
Los Espíritus nos influyen más de lo que imaginamos, generalmente nos direccionan.

DIOS

Inteligencia suprema causa primera de todas las cosas.

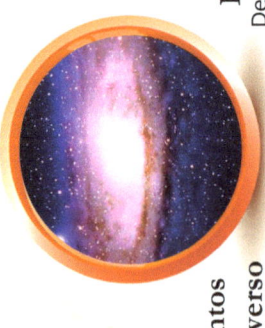

Leis Morais
Dez leis derivadas da Lei natural, que é a Lei de Deus.

Elementos del Universo
O Espírito e a materia. E acima de tudo, Deus.

Acción de los Espíritus en la Naturaleza
Los Espíritus son instrumentos de Dios e influyen en la Naturaleza.

MUNDOS HABITADOS
Todos los planetas del Universo están habitados.

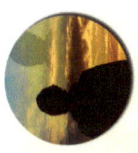

Mundo Espiritual
En el instante de la muerte, el alma regresa al mundo de los Espíritus.

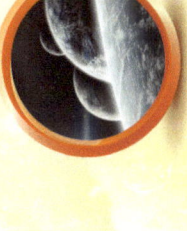

REENCARNACIÓN
El Espíritu tiene muchas existencias sucesivas hasta su purificación.

Causa y Efecto
Ley divina que dirige todas las acciones de los Espíritus.

Justicia Divina

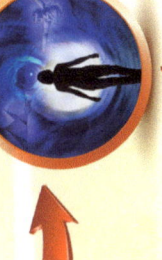

MEDIUMNIDAD
Toda persona que siente la influencia de los Espíritus es médium.

Libre Albedrío
El hombre tiene la libertad de pensar y de actuar.

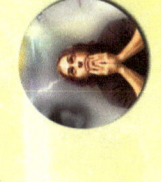

Evolución
Los Espíritus mejoran para niveles elevados.

Progreso

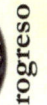

Base: EL EVANGELIO DE JESÚS
Jesús es el guía y modelo más perfecto para el hombre.

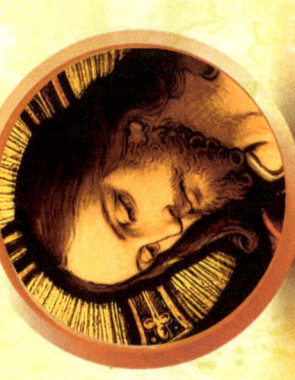

Las tres revelaciones

Existen en Occidente (Europa y las Américas) tres grandes revelaciones espirituales. La primera es la de Moisés, con los 10 mandamientos, la segunda es la del Cristo, como Evangelio, y la tercera es la del Espiritismo, revelando el mundo de los Espíritus, la vida después de la muerte y la inmortalidad del alma.

¿El Espiritismo marcará una nueva era?

Sin duda alguna. Cuando la Humanidad conozca el Espiritismo, entenderá que la vida continúa, que no sirve ser tan aferrado a las cosas materiales y que vale la pena hacer siempre el bien.

¿Algún día la Ciencia y la Religión se unirán?

Sí. Cuando las dos conozcan las enseñanzas del Espiritismo. Van a descubrir que el alma existe, que hay un mundo invisible real y que existen leyes divinas actuando. Amabas cambiarán sus pensamientos radicales, la ciencia será espiritualizada y la religión utilizará la razón.

1ra. Revelación - Moisés

Moisés recibió en los 10 mandamientos, la primera revelación espiritual.
Eso sucedió 1250 años antes de Cristo.

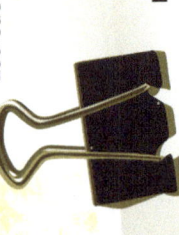

Diez mandamientos

I. No adorarás otros Dioses.
II. No pronunciarás en vano el nombre del Señor.
III. Santificar el día sábado.
IV. Honrad a vuestro padre y a vuestra madre.
V. No matarás.
VI. No cometerás adulterio.
VII. No robarás.
VIII. No darás falso testimonio.
IX. No desearás la mujer de vuestro prójimo.
X. No codiciarás los bienes ajenos.

¿El Espiritismo es el Consolador Prometido?

Es el consolador que Jesús prometió hace dos mil años. El Espiritismo vino para explicarnos porqué existimos, porqué estamos en este mundo, y cual será nuestro futuro. Estos conocimientos en la época de Jesús, los hombres aún no podían comprender.

La primera revelación fue con Moisés, la segunda fue con Jesús, y la tercera no es con una persona (Allan Kardec), es un conjunto de Espíritus que nos la trajeron.

Nombre: Las tres revelaciones para occidente
Fechas:
Moisés 1250 a.C.
Jesús 0-33 d.C.
El Espiritismo (1857 -)
Concepto: del latín revelare, Revelar, del latín, velo, cuya raíz, velum, significa salir literalmente del velo y de forma figurada, descubrir.

2da. Revelación - Jesús

Jesús nos revela la ley de amor incondicional cuando nos dice: « Amar a Dios por encima de todas las cosas y al prójimo como a ti mismo, y nos habla en las bienaventuranzas, lo importante que es practicar el bien.

Las Bienaventuranzas

1. Bienaventurados los pobres de espíritu.
2. Bienaventurados los que lloran.
3. Bienaventurados los mansos.
4. Bienaventurados los que tienen hambre y sed de justicia.
5. Bienaventurados los misericordiosos.
6. Bienaventurados los limpios de corazón.
7. Bienaventurados los pacíficos.
8. Bienaventurados los que son perseguidos por causa de la justicia.
9. Bienaventurados seréis cuando por causa mía, os insulten y digan toda clase de calumnias contra ustedes.

3ra. Revelación - El Espiritismo

Viene a revelar que todos somos Espíritus inmortales, que la muerte no existe. Que todo lo que Jesús y Moisés afirmaron, es real, los que practican el bien y el amor, serán recompensados en el mundo espiritual.

Principios Espíritas

1. Existencia de Dios.
2. Inmortalidad del Alma.
3. Reencarnación.
4. Mundos habitados.
5. Mediumnidad.
6. Ley de causa y efecto.
7. Libre Albedrío.
8. Influencia espiritual.
9. Evolución.
10. La base: El Evangelio de Jesús

Los fenómenos de Hydesville

En una pequeña aldea de los Estados Unidos, llamada de Hydesville, sucedieron una serie de fenómenos paranormales que llamaron mucha atención. Era el año de 1848, en la casa donde vivía la familia Fox, en una determinada noche, se oyeron ruidos en las paredes y golpes por todas partes. Las niñas Fox no conseguían dormir y con miedo, fueron al cuarto de los padres, pero los ruidos continuaron.

Asustada, una de las niñas tuvo la idea de aplaudir para comunicarse y, con el código de una palmada para "sí" y dos palmadas para "no" para las respuestas. Descubrieron que quien producía los ruidos era un Espíritu, diciendo ser un vendedor asesinado en la casa hacía ya algunos años por los antiguos dueños. Las niñas se hicieron famosas con lo sucedido y repitieron los fenómenos en diversos lugares de América.

¿Quién era el Espíritu?

Era un vendedor llamado Charles Rosma. Antes de venderse la casa para la familia Fox, Rosma fue asesinado cuando se dirigía a ella para cobrar una deuda de la familia que estaba viviendo ahí. Los antiguos propietarios lo asesinaron y escondieron el cadáver en una pared falsa.

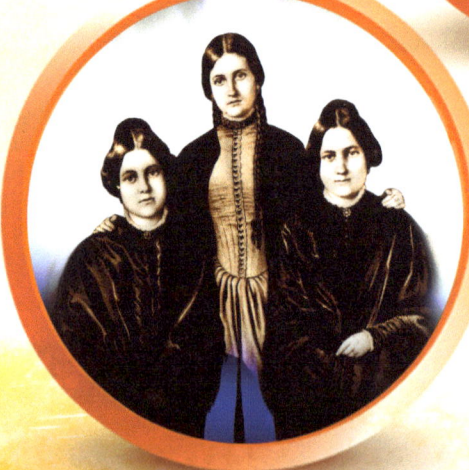

Casa de la familia Fox, donde, exactamente el 31 de marzo de 1848, los ruidos surgieron más fuertes.

Imagen de las hermanas Fox de 1850 de izquierda para la derecha Margaret, Katherine y Leah Fox.

Nombre: Los fenómenos de Hydesville
Fecha: 31 de marzo de 1848
Categoría: Fenómenos de efectos físicos.
Descripción: Golpes o ruidos (rappings o noises)
Relevancia: Este hecho constituye el punto de partida del Espiritismo.

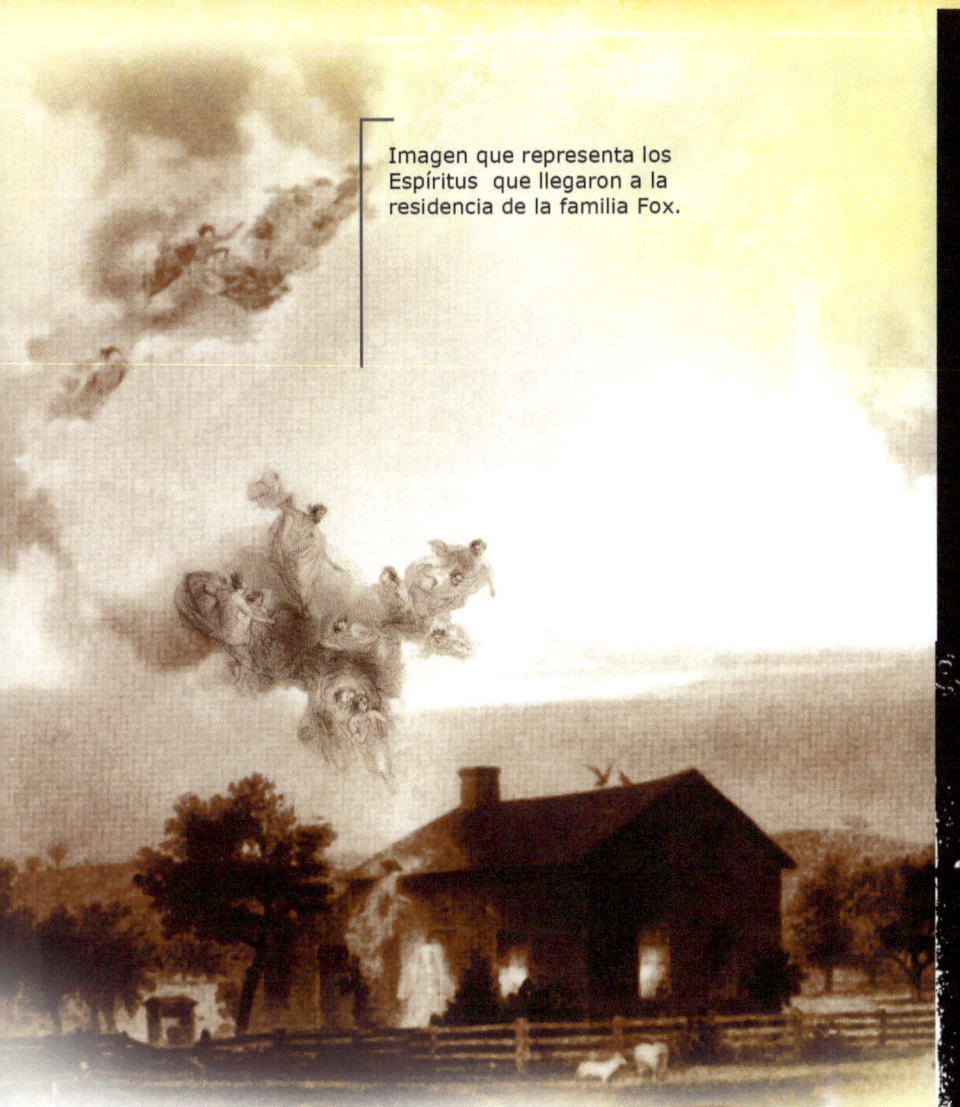

Imagen que representa los Espíritus que llegaron a la residencia de la familia Fox.

¿Quién era la familia Fox?

Era una familia compuesta por el padre, la madre y tres hijas: Margaret, de 14 años, Kate de 11 años y Leah, quien era la mayor y vivía en Rochester.

La religión que profesaban era la metodista, por eso creían, en un principio, que quien producía los ruidos era el "diablo" y no un Espíritu.

Hydesville está en Estados Unidos de América, en el Estado de Nueva York.

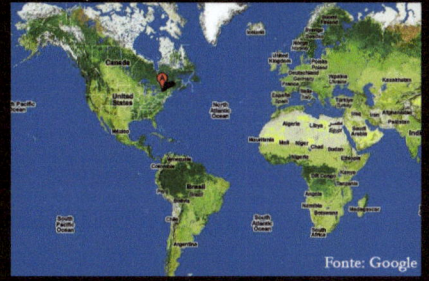
Fonte: Google

El lugar más exacto es el condado de Wayne, distante de la ciudad de Rochester por cerca de treinta kilómetros.

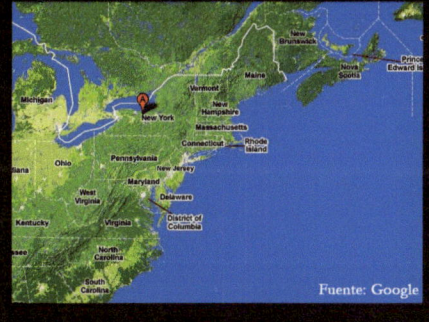
Fuente: Google

¿Cómo se hablaba con los Espíritus?

Inicialmente se hablaría por palmadas: una equivaldría a "sí" y dos a "no". Después se creó un alfabeto, en donde, cada letra citada corresponderia a un golpe determinado. Una para A, dos para B, tres para C y así por delante.

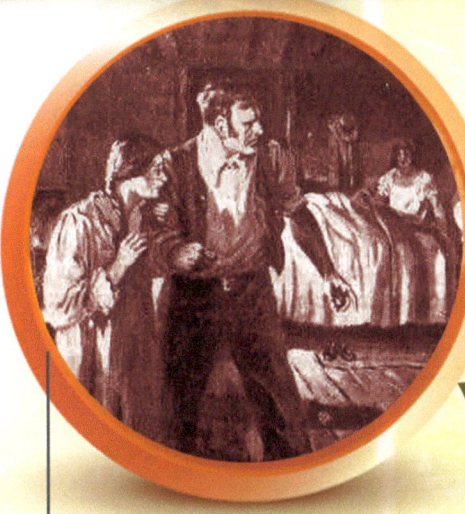

La ilustración muestra el cuarto De los padres en el momento de los golpes, cuando Kathe recibió respuestas para sus señales.

Los fenómenos de Hydesville.

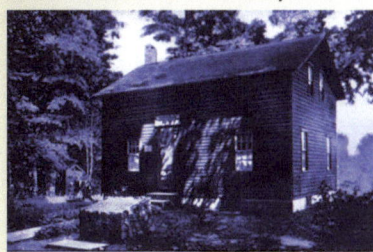

Debido a la importancia de estos fenómenos y a la curiosidad de las personas, la familia Fox tuvo que mudarse a Nueva York, con el fin de dar continuación a las sesiones públicas.

9

Mesas Giratorias

El fenómeno llamado "Mesas Giratorias" estaba compuesto por mesas que tenían una base de tres patas y las personas colocaban sus manos en la superficie de ellas o se quedaban alrededor de la mesa y esperaban los movimientos o giros. En esa época el fenómeno fue visto como una forma de entretenimiento durante las reuniones de las sociedades en Europa, principalmente en Francia.

Estamos hablando entre los años de 1850 a 1855, cuando esos fenómenos llamaban la atención de un pedagogo francés que más tarde sería conocido como Allan Kardec. Él investigaría sobre los movimientos producidos por la mesa y descubriría que eran provocados por los Espíritus.

¿Cómo eran las mesas?

Eran sencillas. Tenían una base de tres patas. Lo interesante era que las mesas no sólo se levantaban sobre una pata para responder las preguntas, sino que también se movían en todos los sentidos, giraban en los dedos de los participantes y, a veces, hasta se elevaban en el aire.

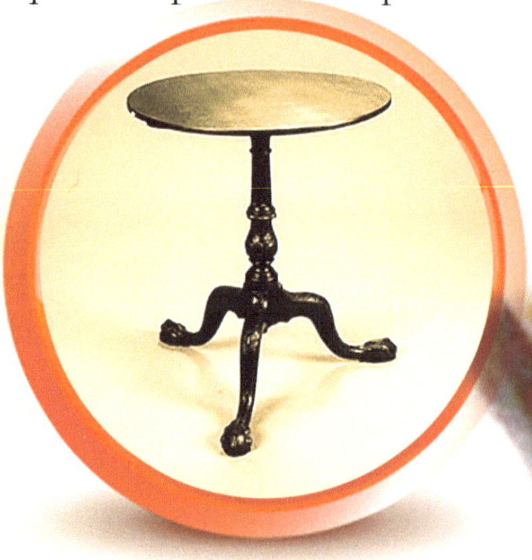

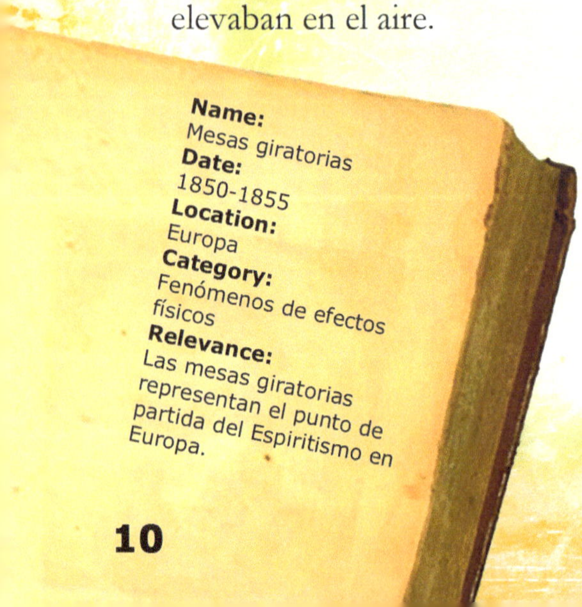

Name: Mesas giratorias
Date: 1850-1855
Location: Europa
Category: Fenómenos de efectos físicos
Relevance: Las mesas giratorias representan el punto de partida del Espiritismo en Europa.

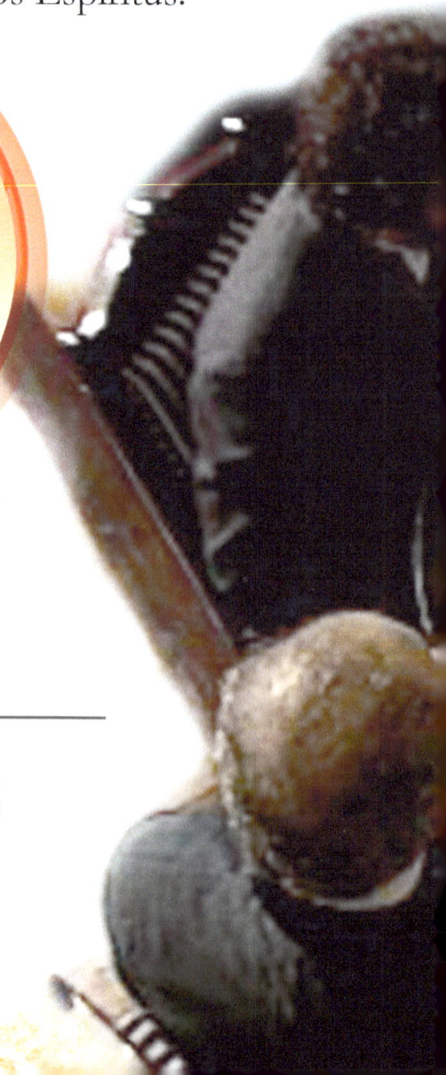

Participantes miembros de la sociedad parisiense participaban de las sesiones.

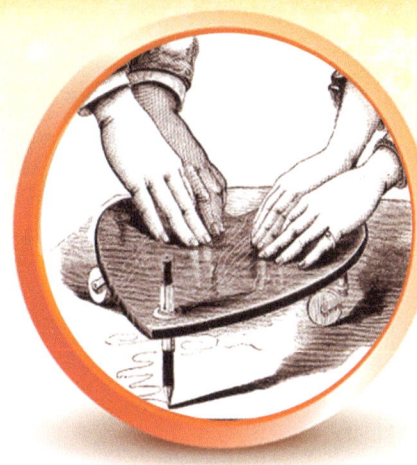

¿Qué eran las planchettes?

Eran una especie de tabla, con unas ruedas debajo y un lápiz colocado en la parte frontal. Los participantes colocaban las manos sobre ella. Con eso obtenían movimientos que dibujaban palabras y frases. Así se comunicaban inicialmente con los Espíritus.

Allan Kardec
Era un profesor muy respetado, con amplios conocimientos en diversas ciencias. Él se sorprendió con el nivel de respuestas provenientes de las "mesas giratorias".

Médium
Los fenómenos sucedían por causa de los médiums. Inicialmente los espíritus usaban los movimientos de las mesas para comunicarse. Después, utilizaron una tabla con ruedas en la cual se colocaba un lápiz al medio y, con la mano del médium, se hacían las psicografías.

¿Allan Kardec conversó con "las mesas"?

Sí, en 1854. Allan kardec fue invitado por un amigo, el señor Fortier, para asistir el movimiento de las mesas que sucedía en su casa. Allan Kardec, como investigador, participa de las reuniones de las "mesas habladoras". Entonces observa y constata que ellas realmente se movían.

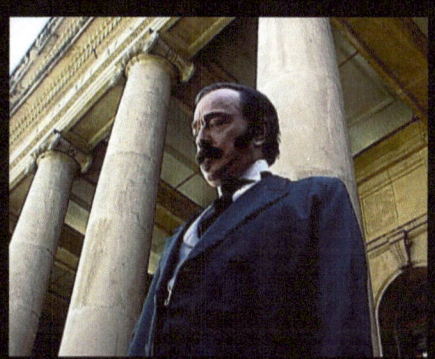

Después de varias reuniones, Allan Kardec pregunta: "¿Cómo puede una mesa pensar sin tener cerebro y sentir sin tener nervios?". Y la mesa contesta: "No es la mesa quien responde, sino las almas de los hombres que ya han vivido en la Tierra y que utilizan la mesa para comunicarse."

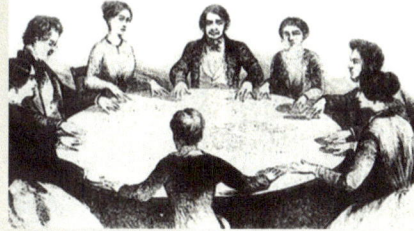

A partir de los fenómenos de las "mesas giratorias", Allan Kardec inicia su investigación seria con relación a las comunicaciones con los Espíritus.

Allan Kardec (1804-1869)

Allan Kardec fue un educador, escritor y traductor francés. Vivió entre los años de 1804 y 1869, en la época de Napoleón Bonaparte. Él era muy conocido y respetado, pues había sido alumno y discípulo de Johann Heinrich Pestalozzi, uno de los mejores profesores de Europa.

En Paris tuvo contacto con diversos médiums e investigó las comunicaciones con los Espíritus. Él percibió que existía un mundo espiritual compuesto por seres inteligentes, invisibles a nuestros ojos. Esos seres eran los Espíritus. Ellos hablaban que existía vida después de la muerte, que lo importante es hacer el bien; practicar la caridad y que vamos a vivir muchas veces hasta llegar a ser seres de luz. Allan Kardec reunió ese conjunto de ideas y las codificó e n diferentes libros. Él creó la palabra Espiritismo, por eso se hizo conocido como el "Codificador del Espiritismo".

¿Cuál fue la misión de Allan Kardec?

Sacar a la luz al Espiritismo, una doctrina que viene a demostrar que somos seres inmortales, que estamos evolucionando como Espíritus hace miles de años hasta que lleguemos a la condición de Espíritus puros con nuestro propio esfuerzo. Con esto el Espiritismo responde a las cuestiones básicas de la humanidad: ¿Quiénes somos? ¿De dónde vinimos? ¿Para dónde vamos?

Datos personales:
Nombre: Hippolyte-Léon Denizard Rivail - Allan Kardec
Nacimiento: 03 de octubre de 1804 en la cudad de Lyon, Francia.
Ocupación: Profesor, escritor y traductor.
Desencarnación: 31 de marzo de 1869, con 64 años.
Destaque: "Codificador del Espiritismo".

A los 11 años, Kardec fue a estudiar a Suiza, al Instituto do Educación de Yverdum, que era la mejor escuela de la época. Fue alumno del célebre profesor Johann Heinrich Pestalozzi, de quien se volvió discípulo y colaborador.

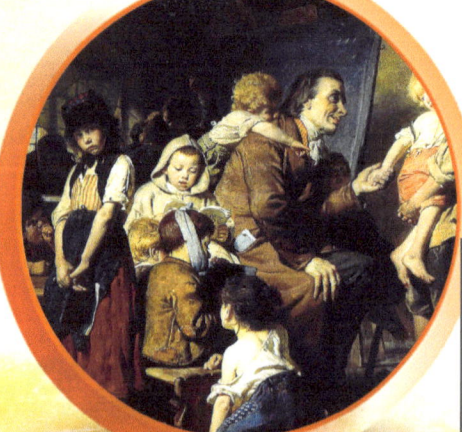

Pestalozzi enseñaba a sus alumnos que lo más importante en la escuela no era sólo la instrucción, sino, tener una educación moral, formada con valores espirituales. Esto volvería a los hombres seres de bien.

¿Cómo surge el nombre Allan Kardec?

El profesor Hippolyte Léon Denizard Rivail ya era conocido por sus publicaciones sobre aritmética, geometría y traducciones. Por sugerencia de los Espíritus, él usa el seudónimo de Allan Kardec para poder diferenciar la obra espírita de los libros anteriormente publicados.

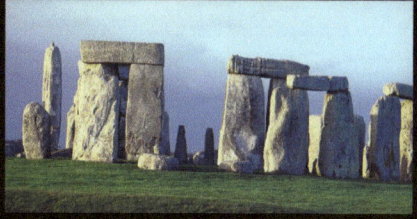

Allan Kardec es el nombre que él tuvo en una anterior vida, en Francia, cuando fue un sacerdote druida. Los druidas fueron una especie de monjes sabios "celtas" que vivieron hace miles de años en Europa.

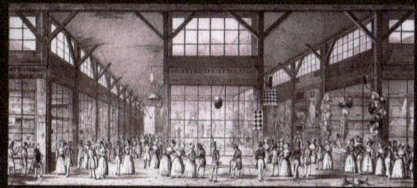

Imagen de la Librería Dentu, en París. Lugar del lanzamiento de "El Libro de los Espíritus" (1857), que es la principal obra escrita por Allan Kardec, contiene 1019 preguntas a los Espíritus Superiores.

¿Cuál fue la obra de Allan Kardec?

Allan Kardec escribió diversos libros. Los cinco principales son: "El Libro de los Espíritus', obra en donde él hace 1019 preguntas a los Espíritus. Después escribiría "El Libro de los Médiums", "El Evangelio según el Espiritismo", "El Cielo y el Infierno" y "La Génesis".

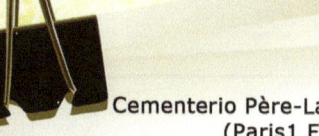

Alrededor de 1832, se casó con la profesora Amélie Gabrielle Boudet y fundó con ella, en París, un local de enseñanza semejante al do Yverdum.

Cementerio Père-Lachaise (Paris1 Francia)

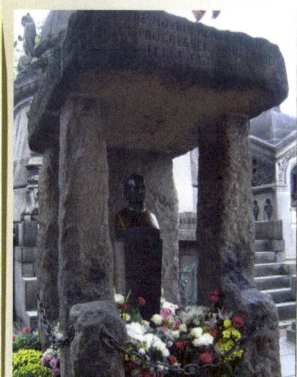

El dolmen (tumba) de Allan Kardectem arquitectura de estilo celta. Se encuentra en el cementerio más importante de Paris, el Pere-Lachaise.

Dios

Los Espíritus nos informan que toda armonía que existe en el Universo, desde los átomos hasta las galaxias, tiene un origen, una causa inicial que la produjo. Todas las cosas, formas de vida y planetas obedecen a leyes perfectas y, por eso mismo, revelan cierto Poder inteligente superior. Este Poder inteligente sería Dios.

En síntesis, los seres espirituales afirman que Dios es la Inteligencia Suprema, causa primera de todas las cosas. Siendo así, para medir la inteligencia de Dios, sólo recordemos el proverbio: "Por la obra se reconoce al autor". Para ver la obra, sólo observemos el Cosmos, el micro universo, desde las moléculas que están en nuestras manos hasta el planeta que habitamos. Así descubriremos el nivel de inteligencia del autor.

Desde la antigüedad, el hombre ya sentía en sí la existencia de Dios, adorando la Naturaleza teniendo como base rituales, ceremonias y cantos primitivos.

Nombre:
Dios
Concepto:
Inteligencia Suprema, causa primera de todas las cosas.
Libros Sagrados:
• El Bhagavad-gita, de los hinduistas;
• El Tripitaka, de los budistas;
• El Tanaj, de los judíos;
• La Biblia, de los cristianos;
• El Alcorán, de los islámicos.

Los seres humanos todavía no tienen la condición de comprender la naturaleza íntima de Dios. Antiguamente, la idea de Dios era muy simple. Los hombres atribuían a Dios sus propias imperfecciones. Por ello, Dios tenía rabia, celos, cólera, prefería aun pueblo de otro, era violento, etc. Conforme fue evolucionando, el hombre fue adquiriendo nuevos valores, de acuerdo con su razón y, así fue teniendo una mejor comprensión de Dios.

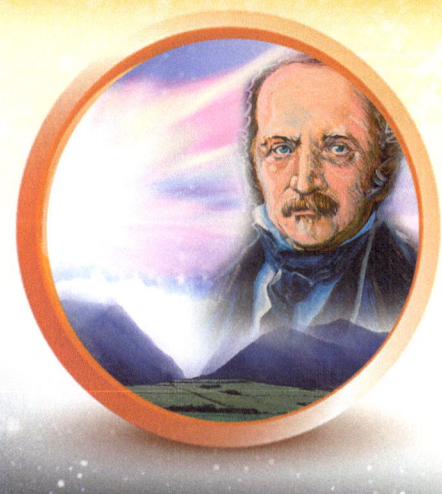

¿Dónde podemos encontrar la prueba de la existencia de Dios?

En una frase que se usa en las ciencias: "No hay efecto sin causa". Si buscamos la causa de todo que no es obra del hombre, nuestra propia razón responderá.

¿Dios realmente existe?

Para creer en Dios, es solo mirar las obras de la Creación. El Universo existe con sus leyes, por lo tanto, tiene una causa. Dudar de la existencia de Dios es negar otra ley: "Que todo efecto tiene una causa". Sería como creer que la nada puede hacer alguna cosa.

En todos los tiempos, la idea de Dios fue diferente en todas las sociedades y en los grupos que ya existían. Es así desde los hombres primitivos, cuando las creencias provenían de las tribus de la antigüedad hasta las modernas religiones de la civilización actual.

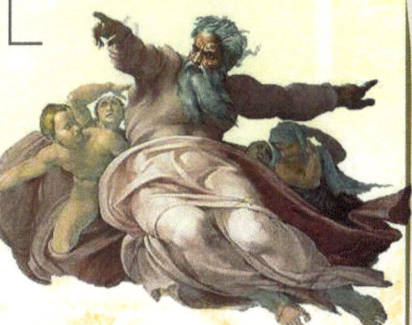

¿Cómo debe ser Dios?

E hombre tiene muchas limitaciones y no consigue formar una idea perfecta de Dios. Pero si puede tener idea de algunos atributos de Dios, que siempre están en el más alto grado. Si falta algún atributo o si no fuera infinito, ya no sería superior a todo, por lo que no sería Dios.

Atributos de Dios

- Eterno
- Inmutable
- Inmaterial
- Único
- Omnipotente
- Soberanamente justo y bueno

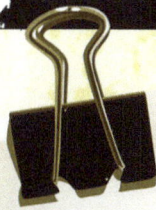

¿Dónde está escrita la Ley de Dios?

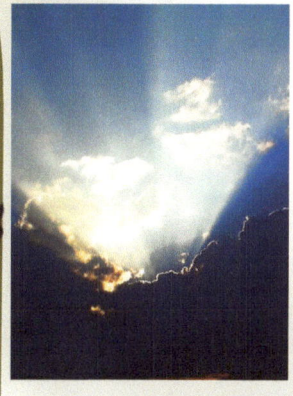

¿Ella estaría escrita en algún libro sagrado en algún pergamino tumba?
No. Los Espíritus respondieron que ella estaba escrita en la consciencia. Por ello todos los hombres tienen dentro de sí mismos la Ley Dios.

Escala Espírita

Existen miles de tipos de Espíritus, pero, para tener una mejor visión sobre los niveles que hay entre ellos (su grado de pureza y evolución espiritual) se armó la Escala Espírita. Los que están más iluminados son los llamados Espíritus Puros, los que están a camino de ser puros son los Espíritus Buenos, y los más atrasados son los Espíritus Imperfectos.

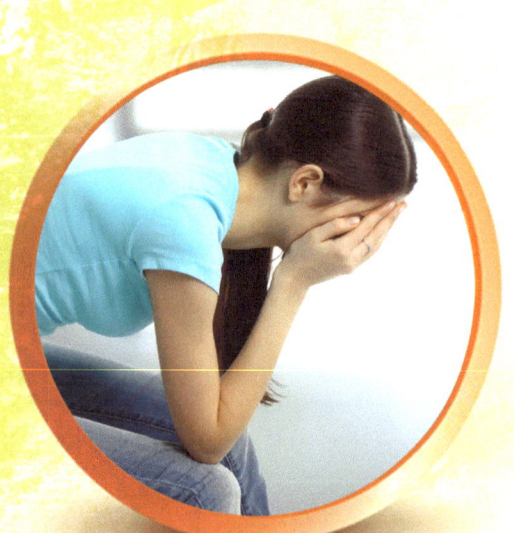

¿Qué es el libre albedrío?

Es la capacidad que tienen los Espíritus para decidir si hacen el bien o el mal. Todos los Espíritus fueron creados sin conocimiento de las leyes de Dios, en la medida que van evolucionando a lo largo de miles de años, van adquiriendo conciencia de sí mismos y pueden optar por practicar el bien. Los que así lo hacen consiguen llegar a ser Espíritus puros, los que no, van a continuar siendo imperfectos.

¿Por qué Dios no nos creó perfectos?

Porque no habría ningún mérito para gozar de los beneficios de ser Espíritus puros. Existe el principio del merecimiento, a cada quien según sus obras. En eso vemos la justicia y sabiduría de Dios.

Dios creó a los Espíritus simples e ignorantes, quiere decir, sin sabiduría.
Pero dio las herramientas para que puedan llegar un día a ser Espíritus puros.

Nombre:
Escala Espírita
Concepto:
Diferentes categorías de los Espíritus según el grado de perfección que ha alcanzado.
Tipos:
1.- Espíritus puros;
2.- Espíritus buenos;
3.- Espíritus imperfectos;
Observación:
No existen ángeles ni demonios, existen espíritus que practican el bien y los que aún están sin el conocimiento de la luz.

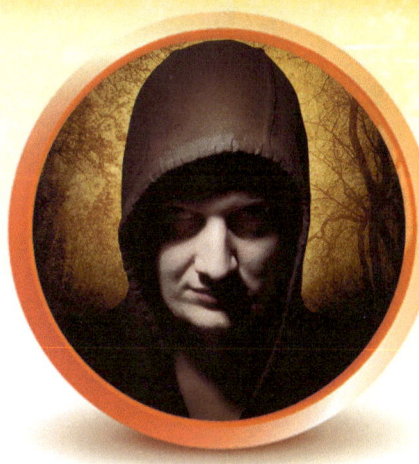

¿Existen los demonios?

No, si entendemos que son seres creados por Dios, para hacer el mal. Lo que existen son Espíritus perversos que todavía no practican el bien. La palabra demonio significa genio y era usado en Grecia con el nombre de *daimon*, para los seres espirituales buenos o malos. Por eso todas las personas tenían a su lado, *daemons* o demonios.

Clasificación Espírita

- Son superiores en todo, en inteligencia, sabiduría y amor.
- Son Espíritus que practican el bien, pero todavía no llegaron a ser puros.
- Hacen el mal, son orgullosos, egoístas, perversos y agresivos.

Espíritus Puros
1° Espíritos puros - Ministros de Dios

Espíritus Buenos
2° Espíritus superiores
Ciencia + sabiduría + bondad
3 0 Espíritus prudentes
Conocimiento + buen juicio
4°. Espíritus sabios
Conocimiento científico
5° Espíritu benévolo
Bondad + conocimiento limitado.

Espíritus Imperfectos
6° Espíritus batedores Actitud para efectos materiales
7° Espíritus neutros Ni buenos ni malos
8° Espíritus pseudosabios Conocimiento + orgullo
9° Espíritus levianos Ignorancia + malicia
10° Espíritus impuros Inclinación al mal

¿Existen los ángeles?

No existen, si pensamos que son seres que Dios los creó buenos. Lo que existen son Espíritus que durante miles de años, se fueron esforzando para ser hombres de bien, trabajando para ser hombres amorosos y sabios. Cuando los espíritus llegan a ese nivel de bondad y sabiduría, es cuando se les puede llamar de "ángeles". En realidad, todos nosotros algún día seremos "ángeles", y eso dependerá de nuestra dedicación y de nuestro libre albedrío.

La mejoría de los Espíritus

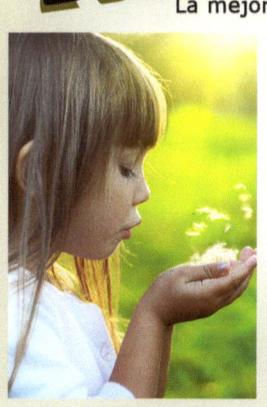

Los Espíritus pueden ser comparados con los niños. Los rebeldes y agresivos repiten el mismo año escolar, teniendo que pasar por todas las pruebas nuevamente. Los más dóciles y esforzados, pasan de año y se hacen merecedores de nuevos desafíos.

Periespíritu

El ser humano está compuesto por tres cuerpos. El Espíritu, el cuerpo físico y un cuerpo intermediario. Esta vestimenta intermediaria es llamada de periespíritu. Es un envoltorio 'semi-material' que sirve de "molde" al cuerpo físico, como si fuera el cuerpo de los Espíritus. Los Espíritus, con sus periespíritus, pueden hacer muchas cosas como, por ejemplo, tomar la apariencia que quieran. Emmanuel, el guía del médium Chico Xavier, toma la apariencia de una encarnación muy anterior de cuando vivió en Roma, hace dos mil años.

¿Para qué sirve el periespíritu? Principalmente sirve para que el Espíritu pueda usar el cuerpo físico. Cuando alguien dice que ha visto un espíritu, lo que realmente está viendo es su periespíritu. Otra función que tiene es la de permitir que los Espíritus entren en contacto con los médiums, periespíritu a periespíritu ocurre la comunicación mediúmnica. En el cerebro del periespíritu están almacenados los recuerdos de las vidas anteriores.

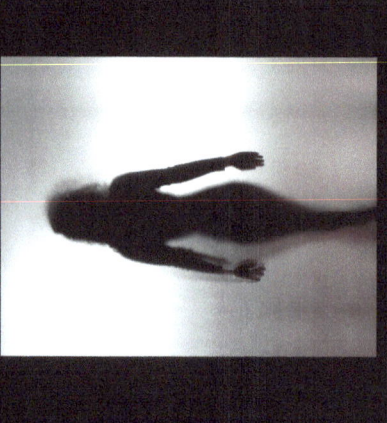

Es en el periespíritu donde los espíritus "guardan" la apariencia de la última encarnación.

El periespíritu es tan sutil que permite a los Espíritus atravesar las paredes, las puertas, etc.

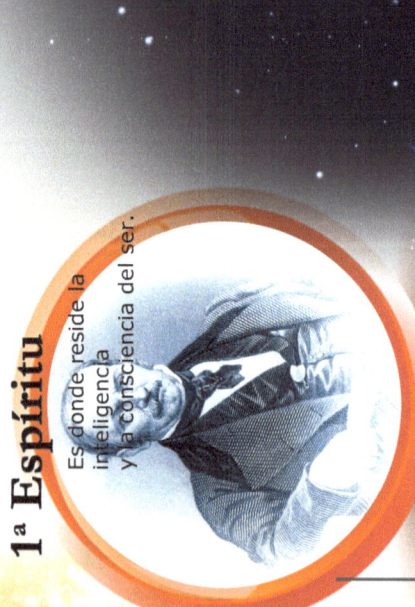

1ª Espíritu
Es donde reside la inteligencia y la consciencia del ser.

Allan Kardec afirma que el periespíritu está constituido del fluido universal de cada planeta. Los Espíritus más elevados tienen el periespíritu más sutil. En los Espíritus puros, el periespíritu es tan etéreo que parece no existir.
Ya en los Espíritus imperfectos, el periespíritu es muy denso y pesado.

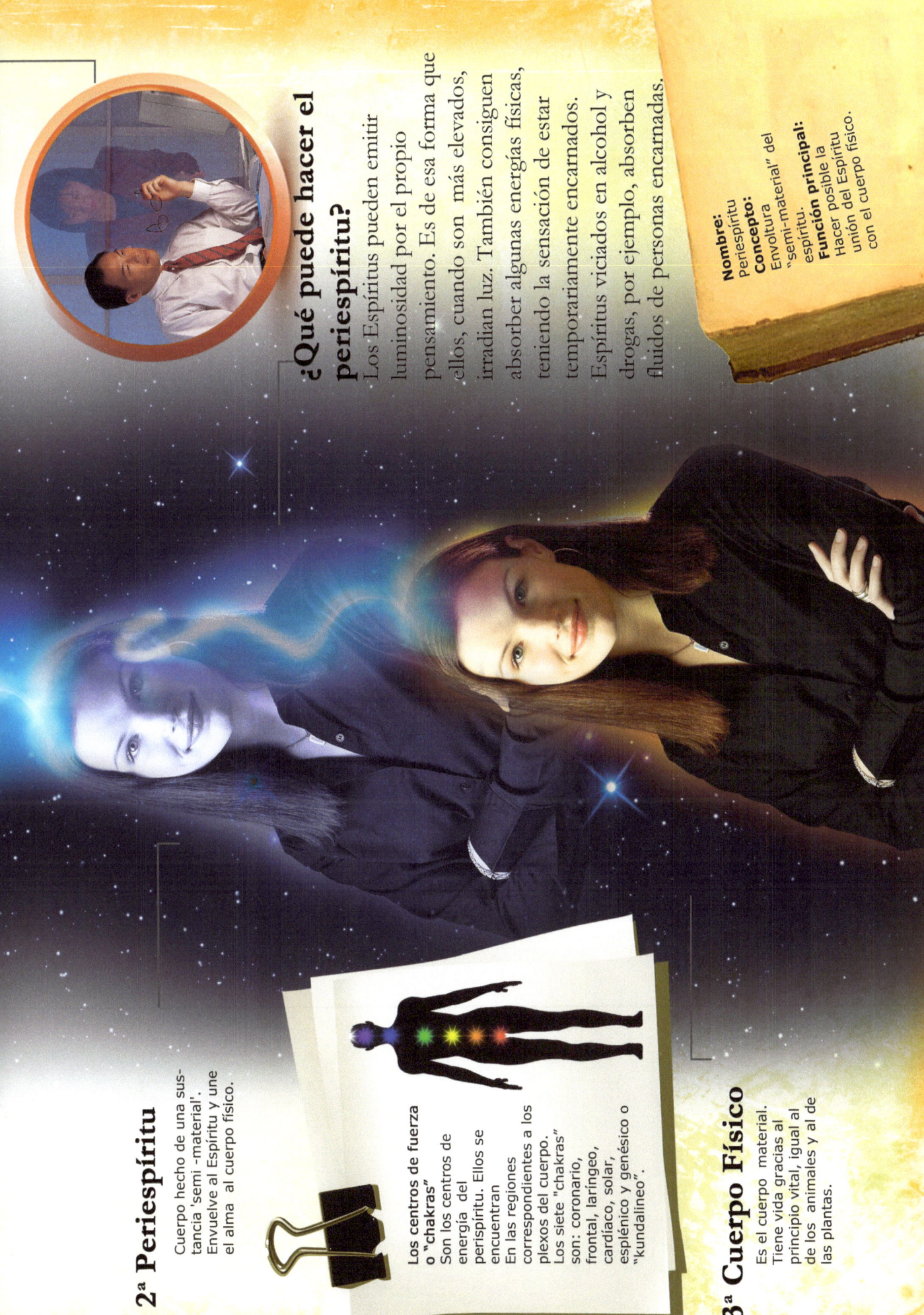

¿Qué puede hacer el periespíritu?

Los Espíritus pueden emitir luminosidad por el propio pensamiento. Es de esa forma que ellos, cuando son más elevados, irradian luz. También consiguen absorber algunas energías físicas, teniendo la sensación de estar temporalmente encarnados. Espíritus viciados en alcohol y drogas, por ejemplo, absorben fluidos de personas encarnadas.

Nombre: Periespíritu
Concepto: Envoltura "semi-material" del espíritu.
Función principal: Hacer posible la unión del Espíritu con el cuerpo físico.

2ª Periespíritu

Cuerpo hecho de una sustancia "semi-material". Envuelve al Espíritu y une el alma al cuerpo físico.

Los centros de fuerza o "chakras"
Son los centros de energía del periespíritu. Ellos se encuentran en las regiones correspondientes a los plexos del cuerpo. Los siete "chakras" son: coronario, frontal, laringeo, cardíaco, solar, esplénico y genésico o "kundalineo".

3ª Cuerpo Físico

Es el cuerpo material. Tiene vida gracias al principio vital, igual al de los animales y al de las plantas.

19

Influencia Espiritual

Los Espíritus están a nuestro lado y pueden ver todo lo que hacemos. Ellos dicen que influyen en nuestros pensamientos, nuestros actos, y que lo hacen constantemente, a toda hora. También consiguen leer nuestros pensamientos y muchas veces nos sugieren ideas. Generalmente, cuando tenemos un pensamiento, lo primero que llega a la cabeza es lo nuestro, lo segundo, es de los Espíritus. Cuando nos estamos bañando o estamos en el paradero del ómnibus, por ejemplo, y nos viene un pensamiento, una música o un chiste a la cabeza, podemos sospechar que esa idea fue sugerida por algún Espíritu.

¿Cómo saber si un pensamiento viene de un Espíritu bueno o malo?

Los buenos Espíritus sólo aconsejan para el bien. Somos nosotros los que tenemos que discernir caso por caso.

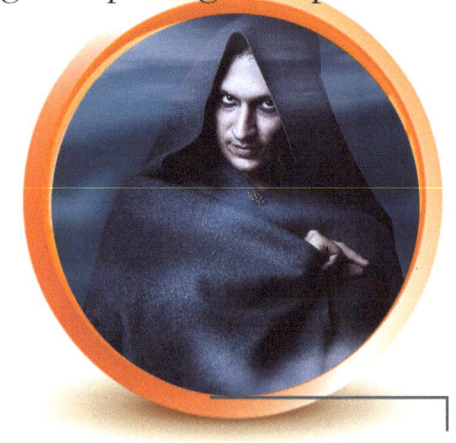

Nombre: Influencia espiritual
Observación: Los Espíritus influyen en los pensamientos y actos mucho más de lo que imaginamos. Influyen a tal punto que, constantemente, son ellos quienes nos dirigen.

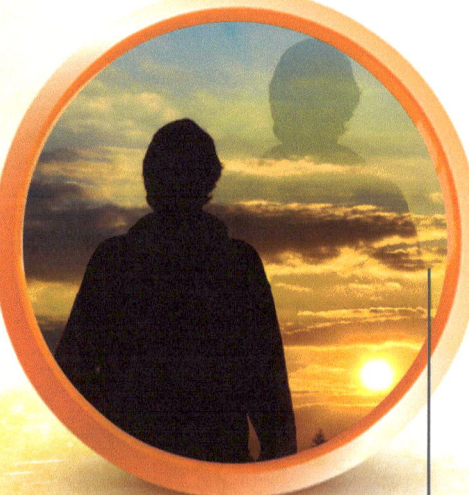

Los Espíritus imperfectos se conectan al hombre para desviarlo del bien. Incentivan a vicios y pasiones sin límites. Pero el hombre siempre tiene libertad o para escucharlo y seguirlo, o para cambiar de vida.

Cuando muere el cuerpo físico, los Espíritus están libres y forman el mundo espiritual o el mundo de los Espíritus.

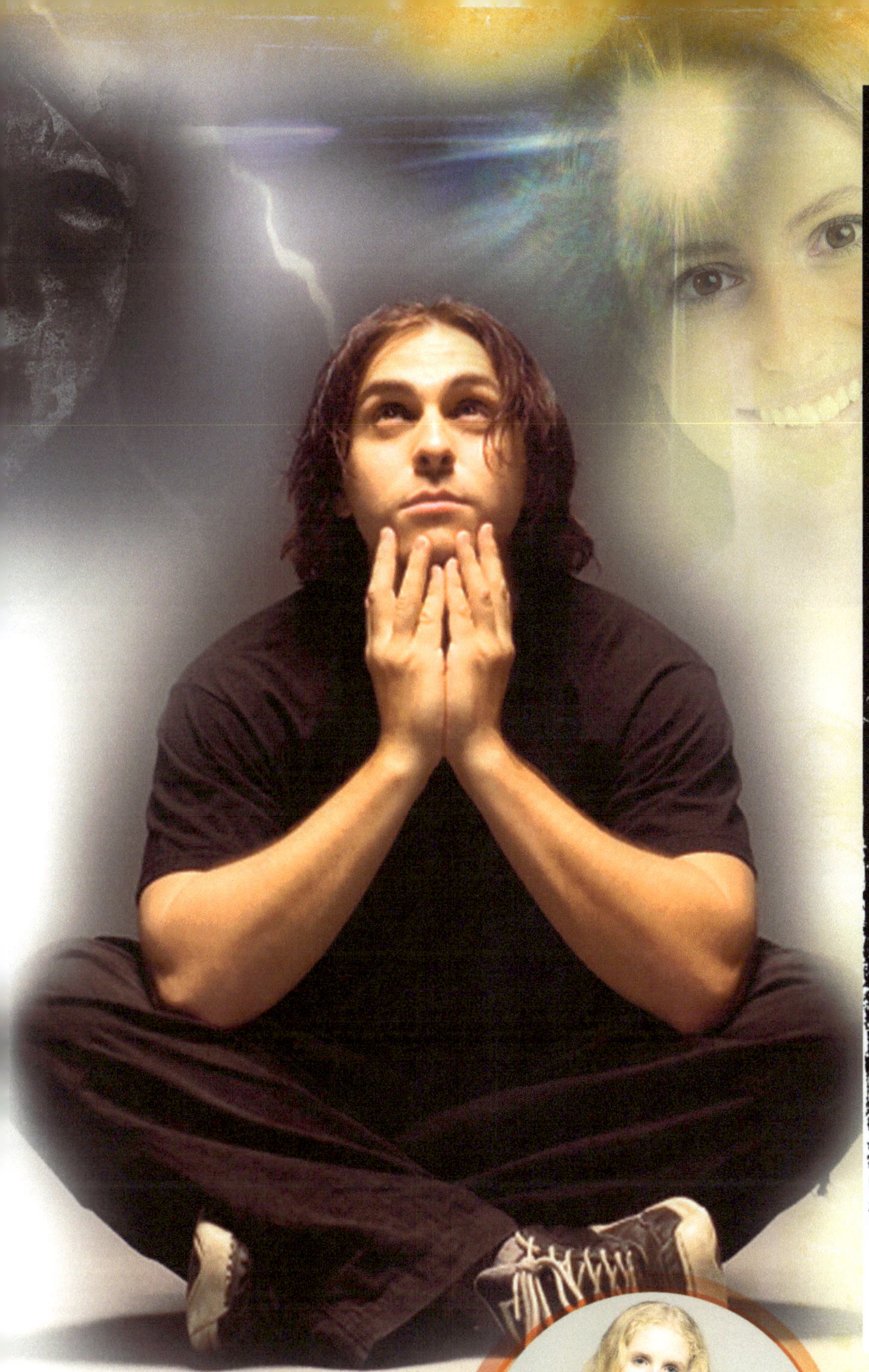

¿Existe el ángel guardián?

Existen los Espíritus protectores, que son como nuestros "ángeles guardines". Ellos nos acompañan por toda la vida. Desde que reencarnamos están con nosotros para ayudarnos, para darnos consejos, consolarnos en las aflicciones y para indicarnos siempre el buen camino.

Existen tres tipos de Espíritus protectores:

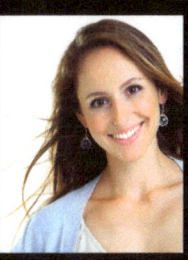

El Espíritu protector, ángel de la guarda o buen genio, es quien tiene como misión protegernos y ayudarnos a progresar.

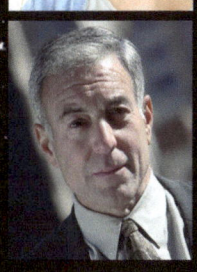

Los Espíritus familiares son Espíritus de nuestros queridos parientes como abuelos, padres, hijos, hermanos y amigos.

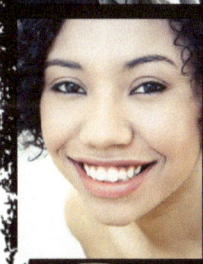

Los Espíritus simpáticos, son Espíritus que se aproximan por gustos y simpatías similares. Un pintor, por ejemplo, va atraer Espíritus pintores que le inspiren en su trabajo.

¿Para qué los Espíritus imperfectos nos llevan al mal?

Para que suframos como ellos sufren. Los Espíritus nos dicen que eso no les disminuye los sufrimientos, pero lo hacen por envidia, porque no soportan que existan seres felices.

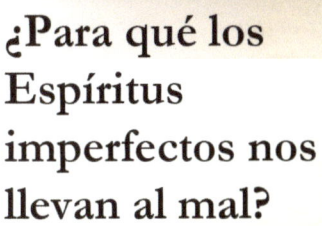

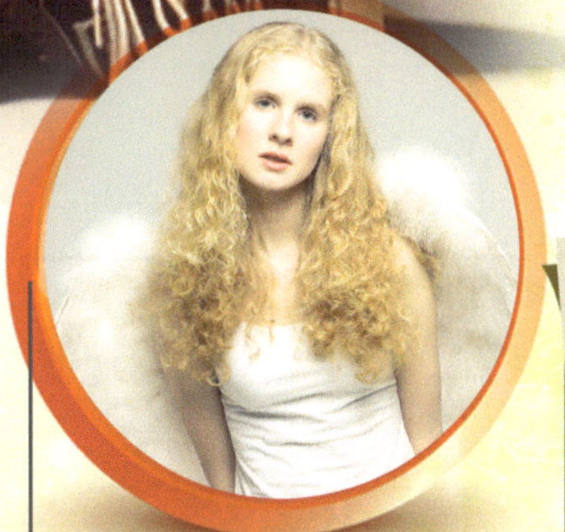

No existen ni ángeles ni demonios. Sólo existen Espíritus que son seres con inteligencia, constituyen la humanidad y habitan en los diferentes planetas.

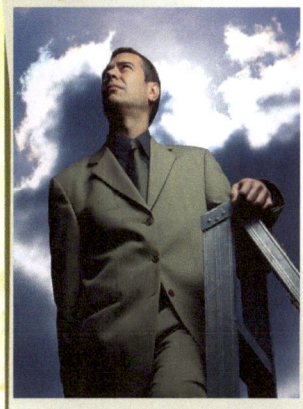

Cuando decimos que la culpa de nuestras desgracias es la mala suerte, en verdad se trata de nosotros mismos, por no haber escuchado las advertencias de los buenos Espíritus.

Los Sueños

Los sueños son recuerdos que los hombres tienen del mundo espiritual cuando salen de sus cuerpos físicos mientras duermen.

Al momento del sueño, los Espíritus con sus periespíritus se alejan parcialmente del cuerpo, que descansa. Entran en contacto con otros Espíritus y tienen vivencias en el mundo espiritual.

Espíritu y Periespíritu
El Espíritu con su periespíritu están afuera del cuerpo físico mientras este descansa.

Mundo Espiritual
En el momento del sueño, el Espíritu visita el mundo de los Espíritus, que es exactamente aquel mundo que el Espíritu estará después de la muerte.

¿Podemos visitar a alguien mientras dormimos?

Sí. Cuando salimos del cuerpo, podemos visitar a aquellos con quienes deseamos encontrar. También nos podemos encontrar con seres queridos que ya desencarnaron.

Fluidos del periespíritu
Diversos fluidos mantienen al periespíritu unido al cuerpo durante el sueño. Esos lazos sólo se deshacen al momento de desencarnar.

22

El Cuerpo Físico
Descansa mientras el espíritu está afuera.

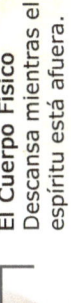

¿Los sueños tienen significados?

Para pasarnos algún mensaje específico, los guías espirituales muestran en los sueños, formas de objetos o nítidas imágenes llamadas de ideoplastías. Es en este sentido que tiene un significado personal cuando las imágenes o formas que aparecen son dirigidas a cada individuo.

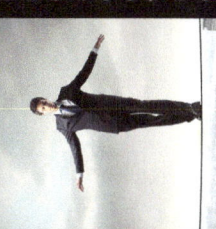

Los sueños con ideoplastía o sueños en el mundo espiritual son más nítidos, con colores más vivos, emociones más fuertes y traen recuerdos específicos como números, voces, imágenes, siendo diferentes los sueños psicológicos que son más simples, repetitivos y menos intensos.

¿Podemos ver el futuro en los sueños?

Sí. Durante los sueños, los Espíritus están libres del cuerpo físico y pueden ir a lugares distantes en el más allá. Pueden tener una visión del pasado, de otras vidas, así como pueden ver algunos acontecimientos que todavía no han ocurrido.

Nombre:
El sueño

Concepto:
El sueño es el recuerdo de lo que el Espíritu vio durante el sueño.

No recordamos los sueños

El sueño es el recuerdo de lo que el Espíritu vio durante el sueño, pero no siempre lo recordamos.
Eso sucede porque nuestras facultades espirituales todavía no están bien desarrolladas y porque el cuerpo físico bloquea los recuerdos que trae el espíritu en libertad.

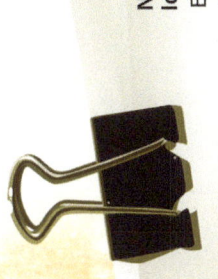

No debemos tener miedo de la muerte, pues todos los días, de cierta forma, morimos.

Muchas veces se queda el recuerdo; el que lo Espíritus tienen de las experiencias en el mundo espiritual durante el sueño. Pero, a veces, esos recuerdos se mezclan con los sueños psicológicos, es decir, aquellos que son causados por nuestras preocupaciones del día a día.

23

Mediumnidad

Es una facultad que permite la comunicación de los hombres con los Espíritus. Esta facultad se da en miles de personas, independientemente de la religión, de la clase social, del grado de instrucción o de la moral. La mediumnidad se divide en dos grandes grupos: los que producen efectos físicos y los que producen efectos intelectuales.

Mediumnidad de Efectos Físicos

Son los médiums utilizados por Espíritus para provocar movimientos físicos diversos, como transportar objetos, manipular perfumes, hacer ruidos, levantar mesas, inclusive hacer que Espíritus se vuelvan visibles. Hasta pueden realizar curas y cirugías. Esos médiums son muy raros hoy en día.

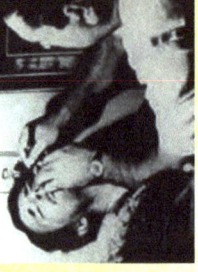

Médiums curadores: los que tienen el poder de curar o de aliviar al enfermo.

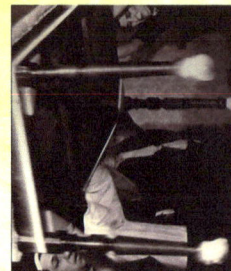

Levitación de mesa en una reunión mediúmnica.

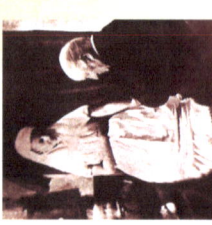

Materialización del Espíritu de Katie King al lado del investigador William Crookes

Espíritu materializado por ectoplasma que salía de la boca del médium Antonio Alves Feitosa y formaba la aparición de la hermana Josefa.

El médium Chico Xavier durante una materialización de Espíritus en la ciudad de Uberaba, en

Mediumnidad con Jesús
Así es llamada la mediumnidad cuando se practica de forma correcta, siguiendo las orientaciones del Evangelio, con equilibrio y estudio espírita y colocada a servicio del bien.

24

Mediumnidad de Efectos Intelectuais

Son los que reciben comunicaciones inteligentes de los Espíritus. Pueden ser psicofónicos, escritores o psicógrafos, oyentes, pintores, etc. Con esa mediumnidad es posible aprender más sobre el mundo espiritual.

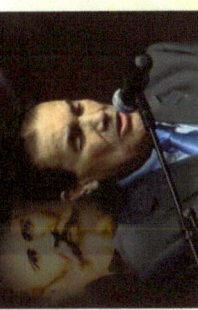

Por los médiums psicofónicos, los Espíritus pueden comunicarse usando la palabra.

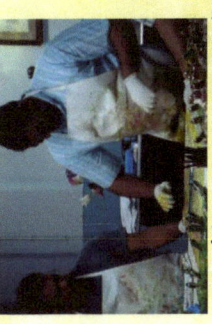

Los médiums pintores realizan pinturas en telas de los más célebres artistas a una velocidad sorprendente y con el estilo del pintor.

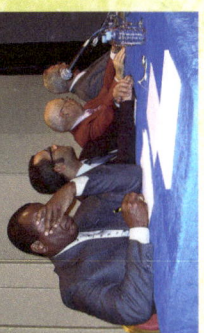

Los escritores o psicógrafos tienen la facultad de escribir por sí mismos bajo la influencia de los Espíritus.

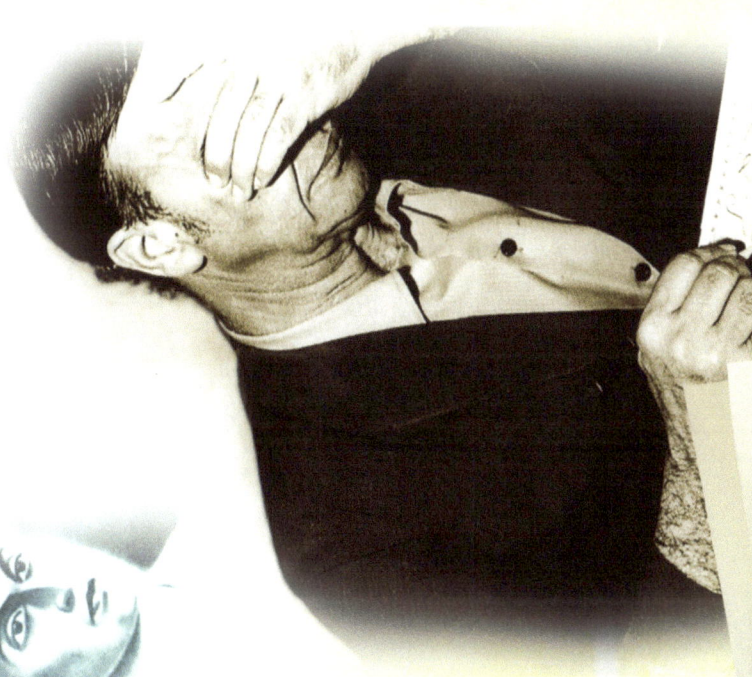

Los médiums escritores o psicógrafos son los más comunes. La psicografía es la mediumnidad más simples, la más cómoda que da resultados más satisfactorios y completos.

Mediumnidad Intuitiva

Existe una voz interna que habla al corazón. Esa voz es la de los buenos Espíritus. Si hacemos un esfuerzo para oír esa voz interior, que incesantemente nos habla, llegaremos, progresivamente, a oír a nuestro ángel guardián que de lo alto nos protege.

¿Qué es el Ectoplasma?

Es una sustancia que emana del cuerpo del médium de efectos físicos. A través de esta sustancia los Espíritus se materializan.

Los Espíritus utilizan el ectoplasma que extraen del médium por los orificios del cuerpo para poder mostrarse. Por este medio ellos se vuelven visibles y generalmente se muestran con la apariencia de la última encarnación.

Nombre:
Mediumnidad

Tipos de mediumnidad:
Médiums de efectos físicos y médiums de efectos intelectuales.

Otros nombres:
Dones, carismas, talentos, facultades, etc.

Los Médiuns

Todas las personas, de alguna forma, son médiums. Algunas sienten levemente la influencia de los Espíritus, pero otras consiguen verlos, oírlos y hasta escribir lo que ellos dictan. Esas personas que sirven de puente entre los Espíritus y los hombres, de forma más ostensiva, son considerados médiums. Si los Espíritus pueden comunicarse, eso significa que siempre lo deben haber hecho. Esta constatación puede ser comprobada a lo largo de la historia. Siempre han existido personas que tienen poderes de ver el mundo invisible y que reciben mensajes del Más Allá: los médiums. En todas las culturas y religiones, ellos fueron llamados de diferentes nombres: pitonisas, oráculos, profetas, sensitivos, etc.

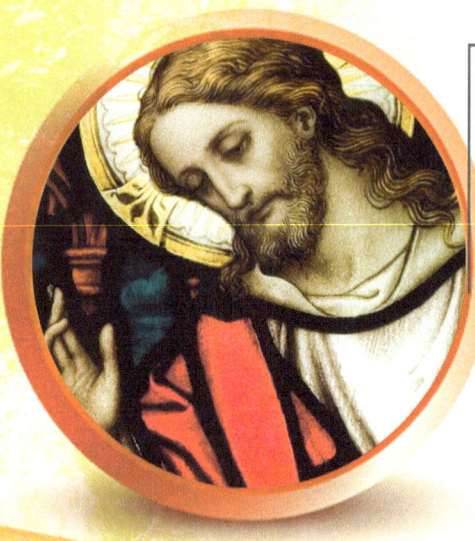

Cuando Jesús habló de la mediumnidad diciendo a los discípulos: "'Restituid la salud a los enfermos, resucitad a los muertos, curad a los leprosos, expulsad a los demonios. Dad gratuitamente lo que gratuitamente recibisteis", (San Mateo, 10: 8.), Jesús daba a entender que la mediumnidad debe ser gratuita, pues nadie debe cobrar por aquello que recibió gratuitamente.

¿Por qué Moisés prohibió la mediumnidad?

Él prohibió al pueblo judío de hacer las comunicaciones con los Espíritus, porque este pueblo estaba dando un mal uso a la mediumnidad. En esa época, los judíos fueron Liberados de la esclavitud en Egipto, y por haber vivido muchos siglos en el país, ellos adquirieron varios hábitos, como el uso de la mediumnidad para provecho personal. El Espiritismo vino a mostrar la finalidad espiritual de ella: consolar y enseñar.

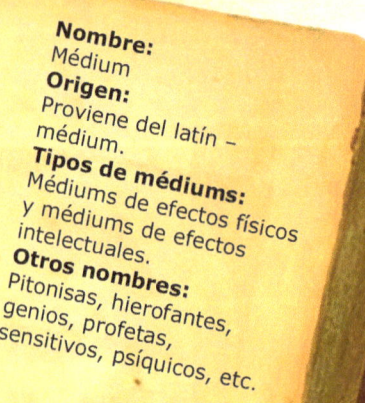

Nombre: Médium
Origen: Proviene del latín – médium.
Tipos de médiums: Médiums de efectos físicos y médiums de efectos intelectuales.
Otros nombres: Pitonisas, hierofantes, genios, profetas, sensitivos, psíquicos, etc.

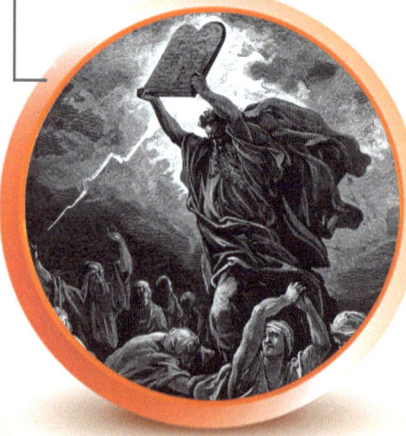

El Espíritu comunicante envía el pensamiento al médium.

Los médiums captan el mensaje de los Espíritus por la glándula pineal, que está localizada en el centro del cerebro, a la altura de los ojos.

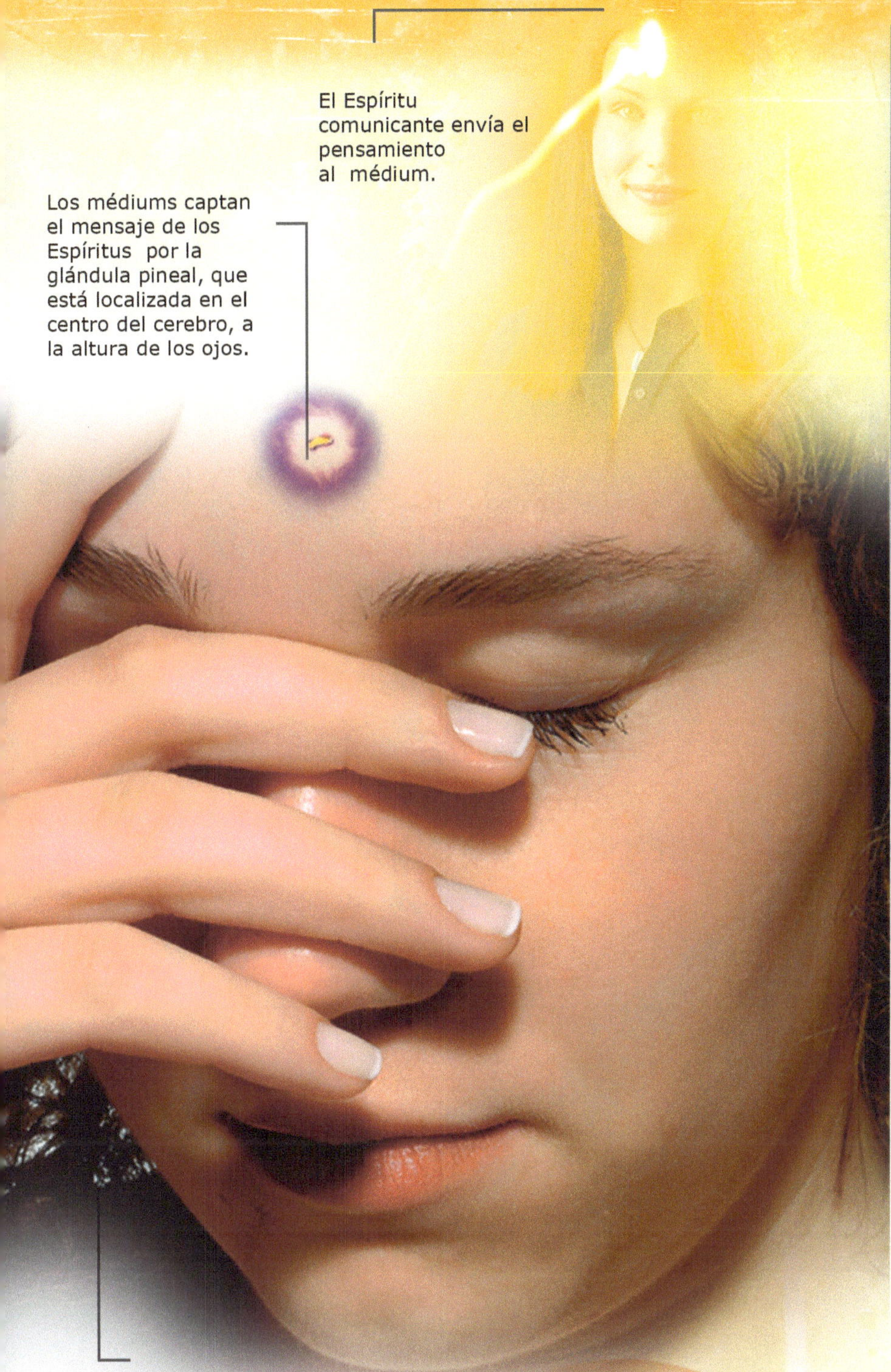

¿Qué es la glándula pineal?

El espíritu André Luiz, por medio de la psicografía de Chico Xavier, en el libro "Misioneros de la Luz", considera la pineal como la glándula de la vida espiritual del hombre. Esta glándula es una especie de antena para captar los mensajes de los Espíritus.

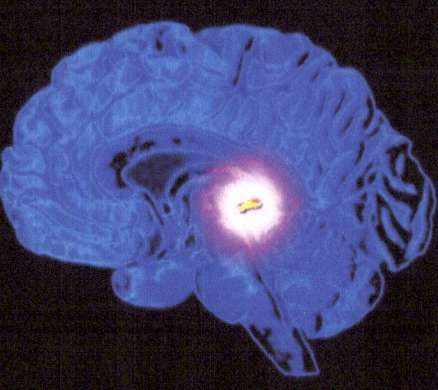

Ilustración de la ubicación de la glándula pineal.

Uno de los mayores problemas de la mediumnidad es la llamada ""obsesión. Ella es la influencia negativa de un Espíritu malo sobre el médium.

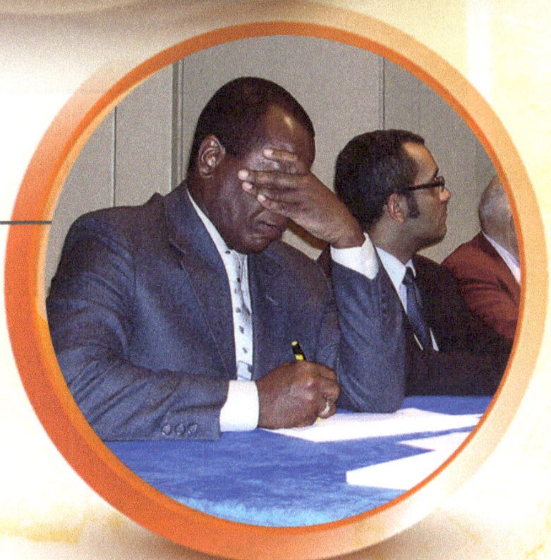

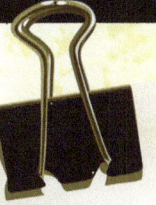

¿Quién es el buen médium?

El buen médium no es aquél que se comunica fácilmente, sino aquél que es agradable a los buenos Espíritus. Siempre está sintonizado con ellos y sólo recibe mensajes de ellos.

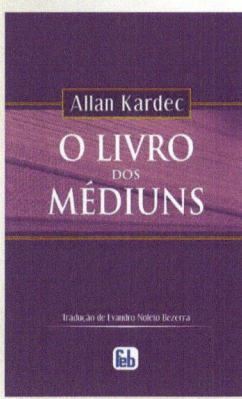

El Libro de los Médiums (1861):

Es un libro escrito por Allan Kardec. Sirve de manual para que todos los médiums conozcan mejor sus facultades mediúnmicas y los orienta en la forma de cómo ellos pueden utilizarlas para consolar a las personas.

Psicografía

Es el tipo de mediumnidad que permite a los Espíritus realizar las comunicaciones por la forma escrita. Allan Kardec dice que todos los esfuerzos deben dirigirse para la mediumnidad de la psicografía, porque ella permite que se establezcan constantes y periódicas relaciones regulares con los Espíritus. La facultad de escribir también es la mediumnidad más fácil de desarrollarse por el ejercicio.

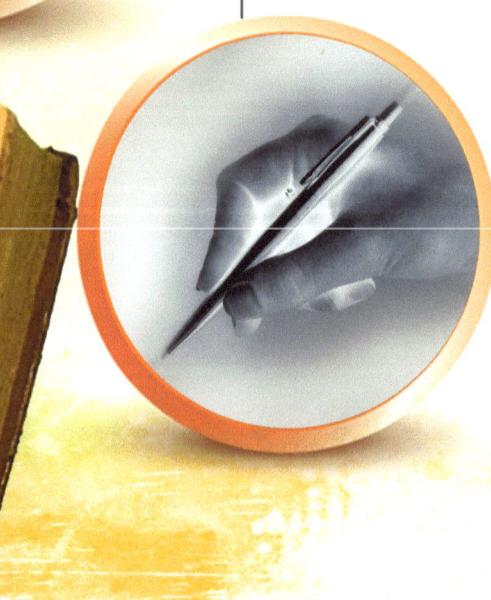

En la época de Allan Kardec, se utilizaron diversos objetos para conseguir la comunicación con los Espíritus.
Al inicio, se usaron unas tablitas y unas cestas con un lapicero insertado en el centro de ella para conseguir la psicografía.

¿Cuál es la ventaja de la psicografía?

Por la psicografía, podemos identificar más fácilmente el nivel de elevación de los Espíritus, reconocer si son buenos o malos, sabios o ignorantes. Por los libros y por la obras psicografiadas, podemos conocer mejor la forma de pensar y las enseñanzas morales de ellos, así como detalles de la personalidad de ellos. Las revelaciones precisas del mundo espiritual también son narradas en la psicografía.

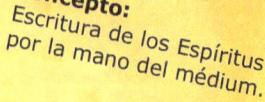

Nombre: Psicografía

Clases: Mecánicos, intuitivos y semi-mecánicos.

Concepto: Escritura de los Espíritus por la mano del médium.

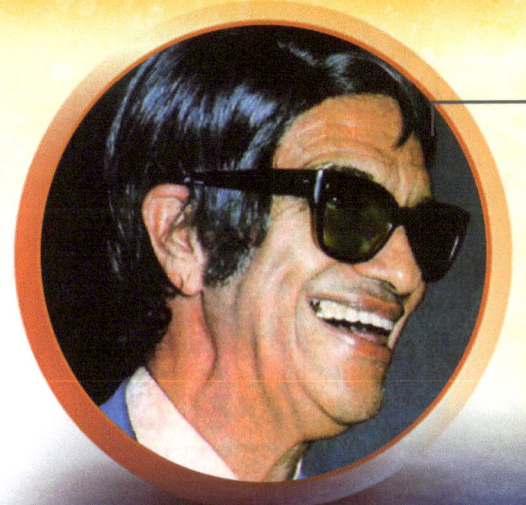

El médium brasileño Francisco Cândido Xavier (1910 - 2002) psicografió más de 4 00 libros. Él es considerado el mayor médium psicógrafo de todos los tiempos

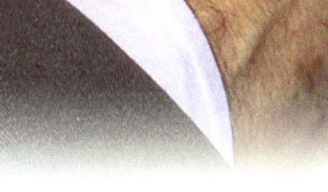

Mensaje especular escrito por el Espíritu León Denis a través del médium Divaldo Franco, en el 2004, durante el 40 Congreso Espírita Mundial, en Paris, Francia. León Denis fue discípulo de Allan Kardec.

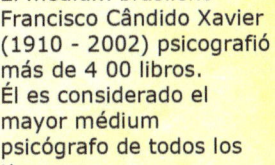

Divaldo Pereira Franco (1927)
Es médium de psicografía y psicofonía. Ya publicó más de 200 libros psicografiados de temas espíritas, bajo la orientación de los Espíritus, incluyendo una serie de estudios de psicología, dictados por su guía espiritual: Joanna de Angelis.

¿Cuántos tipos de médiums psicógrafos existen?

Los psicógrafos se dividen en tres clases:

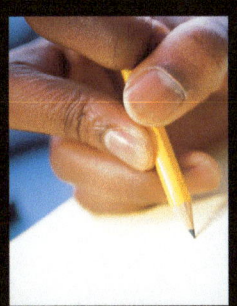

a) Mecánicos
Estos médiums no tienen conciencia de lo que escriben. Los Espíritus actúan directamente sobre la mano de ellos e impulsan la escritura independientemente de la voluntad de ellos.

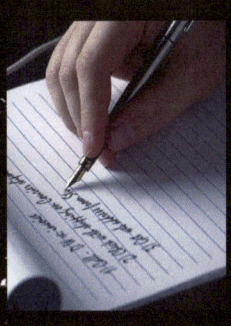

b) Semi-mecánicos
Estos psicógrafos tienen conciencia de lo que escriben. Ellos entienden el mensaje, según como las palabras se forman y al mismo tiempo, sienten que su mano es impulsada por alguna

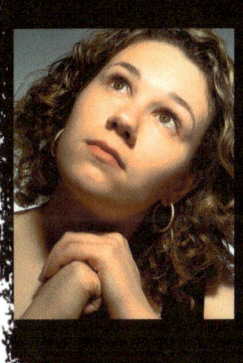

c) Intuitivos
Ellos tienen conciencia de lo que escriben. Necesitan entender el pensamiento del Espíritu, comprenderlo, hacerlo suyo, para traducirlo fielmente. Es parecido a lo que hace un traductor o intérprete.

Psicografía especular

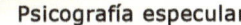

Psicografía especular es una variante de la psicografía. De esa mediumnidad específica los textos sólo pueden ser leídos con la ayuda de un espejo.

Chico Xavier (1927-2002)

Francisco de Pauta Cándido Xavier, más conocido como Chico Xavier, nació en la ciudad de Pedro Leopoldo, en 1910, y desencarnó en Uberaba, el 2002. Chico Xavier fue uno de los más importantes divulgadores del Espiritismo en Brasil y el médium espírita más activo de todos los tiempos. Por medio de su mediumnidad psicografió 412 libros y vendió más de 50 millones de ejemplares. Chico siempre cedió los derechos autorales de las obras psicografiadas para instituciones de caridad y para organizaciones espíritas. Él también psicografió cerca de diez mil cartas sin cobrar por el trabajo. Desencarnó a los 92 años, víctima de urna parada cardiorrespiratoria.

¿Cómo Chico Xavier consiguió ser el mayor médium espírita?

El líder espírita recibió grandes homenajes. En el 2000, fue elegido "El minero del siglo XX" en un concurso realizado por la televisión brasilera.; el 2006 fue elegido "El mayor brasilero de la historia" en una pesquisa hecha por la Revista Época, y el 2012 fue elegido "El mayor brasilero de todos los tiempos" por el público en un programa de TV.

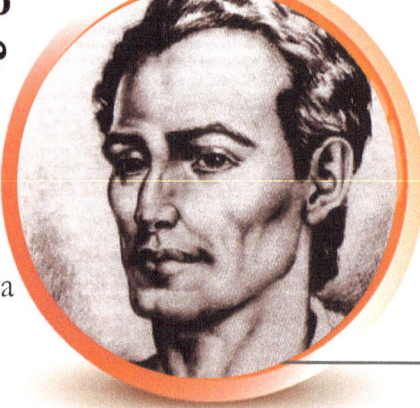

Emmanuel
Siendo joven se encontró con su guía espiritual Emmanuel. El mentor lo informó sobre su misión de psicografiar una serie de libros y le explica que para eso se le serán exigidas tres condiciones: "disciplina, disciplina y disciplina".
Cuando estaba reencarnado en la época de Cristo, Emmanuel habría sido el senador romano Publius Lentulus.

Emmanuel siempre fue exigente e instruía a Chico Xavier: "'si algún día yo hablo alguna cosa que no esté de acuerdo con los preceptos de Jesús ye Kardec, quédate con ellos y olvida lo que yo dije".

Nombre: Francisco de Paula Cándido Xavier, más conocido como Chico Xavier.
Nacimiento: 2 de abril de 1910, Minas Gerais.
Desencarnación: 30 de junio de 2002, Uberaba, Minas Gerais.
Destaque: Fue el médium espírita más activo de todos los tiempos.

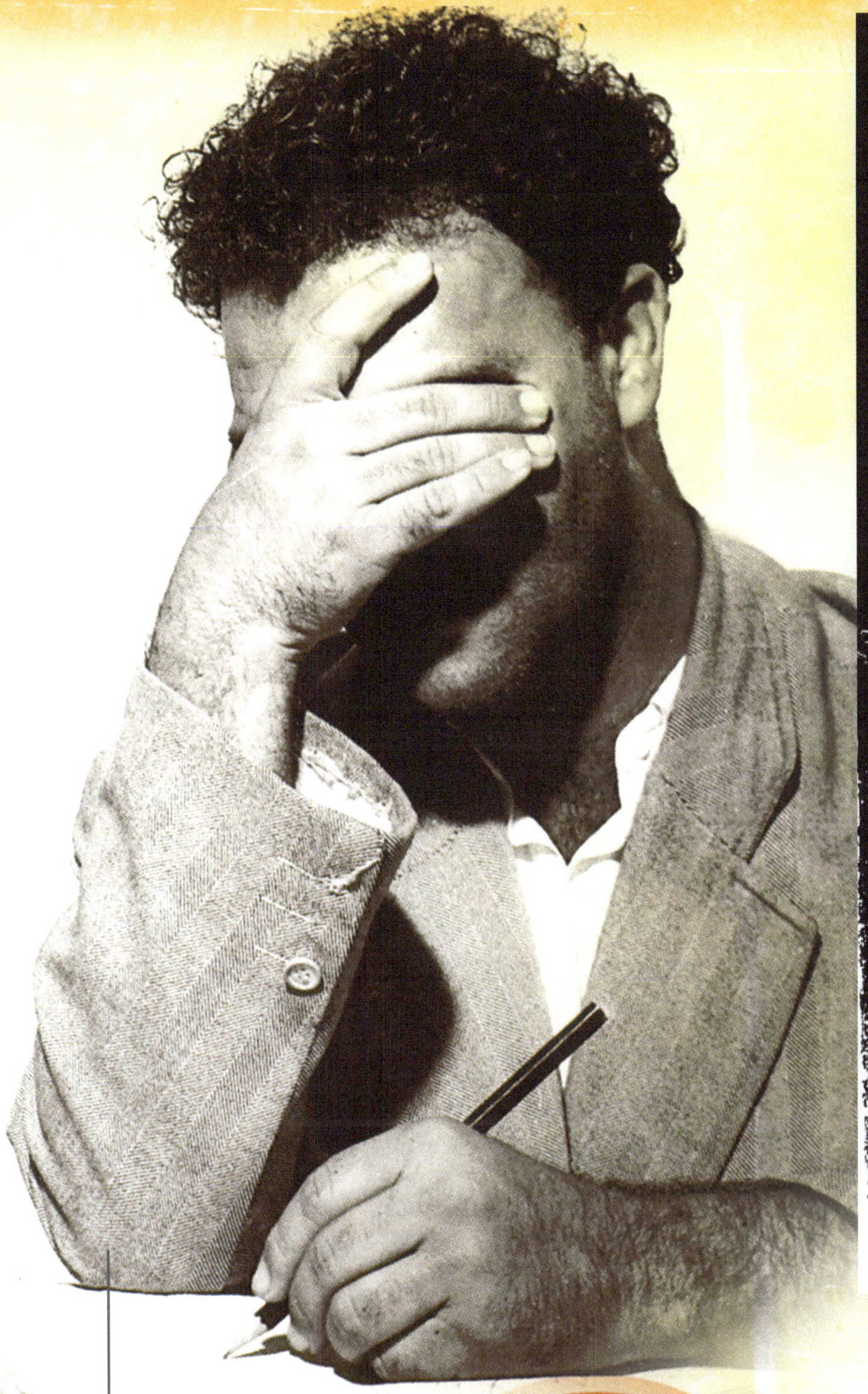

¿Cuántos libros psicografió Chico Xavier?

La obra mediúmnica de Chico Xavier es bastante diversificada. Sólo por la Federación Espírita Brasilera (FEB), la cantidad de libros editados ultrapasa los 18 millones de ejemplares. El libro psicografiado más vendido es "Nuestro Hogar". El best seller, vendió más de 2 millones de ejemplares.

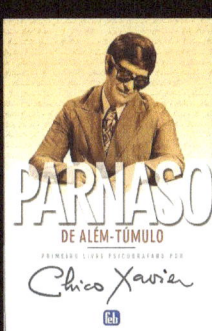

El primer libro psicografiado y publicado por Chico fue "Parnaso del Más Allá". La obra, atribuida a 56 poetas desencarnados entre brasilero y portugueses, fue recibida en los años de 1931 y 1932. En ese tiempo Chico tenía sólo 21 años.

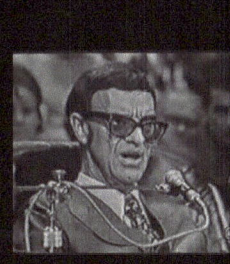

Las entrevistas en el programa Pinga-Fogo. En los años 70, Chico participó de programas de televisión que alcanzaron picos de audiencia. El principal de ellos fue "Pinga-Fogo" La participación en el programa lo hizo conocido en Brasil, conquistando admiración y fama.

Chico Xavier también fue el más importante divulgador del Espiritismo en Brasil.

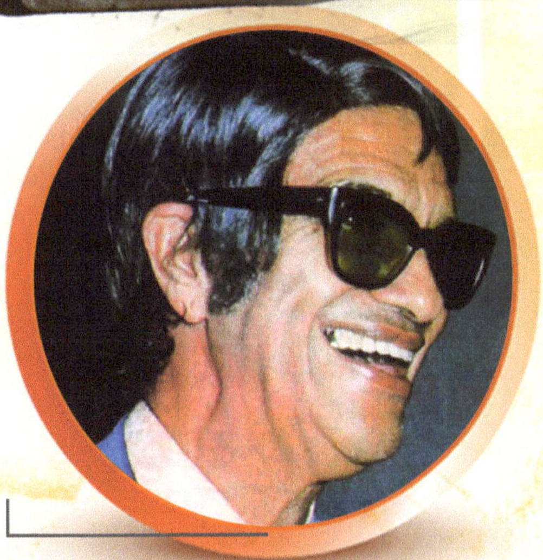

En 1981 fue indicado para el premio Nobel de la Paz. Cerca de 2 millones de firmas de brasileños pidieron por su candidatura.

Chico Xavier, la película (2010)

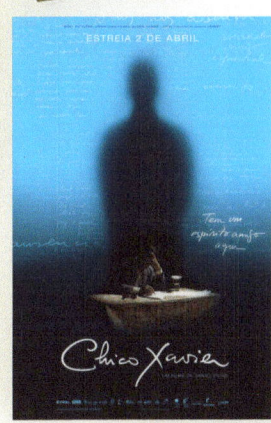

La vida de "'Chico Xavier" Se convirtió en una Película brasilera dirigida por Daniel Filho. Lanzada el 2010, su estreno fue un suceso en todo Brasil.

Reencarnación

La reencarnación es el retorno del Espíritu a un nuevo cuerpo físico. Es así como los Espíritus tienen muchas existencias sucesivas hasta llegar a su purificación. Allan Kardec la llamó de "pluralidad de existencias" y la definió como la única explicación que corresponde a la idea que formamos de la justicia de Dios hacia los hombres. Desde tiempos inmemoriales, la reencarnación hace parte del conocimiento de los pueblos antiguos, centros de iniciación y escuelas religiosas. La creencia en la reencarnación tiene sus orígenes en los comienzos de la humanidad y su conocimiento es la llave para entender el Evangelio de Jesús.

¿Por qué no recordamos nuestras vidas pasadas?

La Ley divina no permite que nos recordemos de todo. Existe un velo que nos oculta detalles del pasado para que podamos actuar con mayor libertad. Si recordáramos todo el pasado, nuestra vida, actualmente, sería u m tormento, por causa de los recuerdos infelices que posiblemente practicamos, como crímenes y traiciones.

La reencarnación es uno de los principios del Espiritismo. Es consecuencia de dos leyes: La Ley de la Justicia Divina y la Ley del progreso.

Nombre:
Reencarnación
Concepto:
Retorno del Espíritu al plano físico.
Otros nombres:
Pluralidad de las existencias. Palingenesia. Metempsicosis. Transmigración de las almas. Resurrección en la carne. Vidas anteriores.

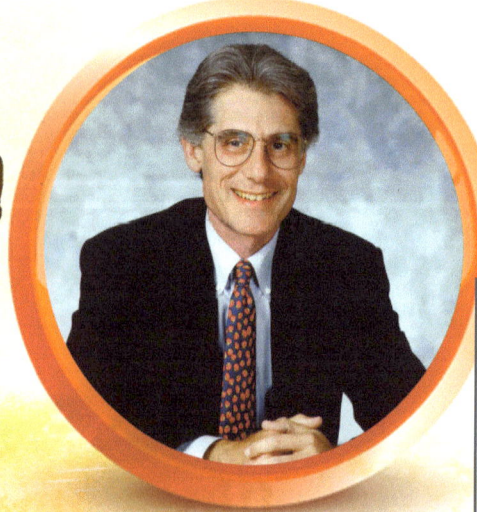

Dr. Brian Weiss
Médico psiquiatra americano. Es autor del libro "'Muchas Vidas, Muchos Maestros'". En la obra, él relata sus experiencias con Catherine, a quien aplicó la hipnosis y la hizo retroceder al origen de sus problemas. Ella recordó una vida de cuando vivió en Egipto, 18 siglos a .C. Después de realizar experiencias con centenas de pacientes, Brian concluyó que todos reencarnamos.

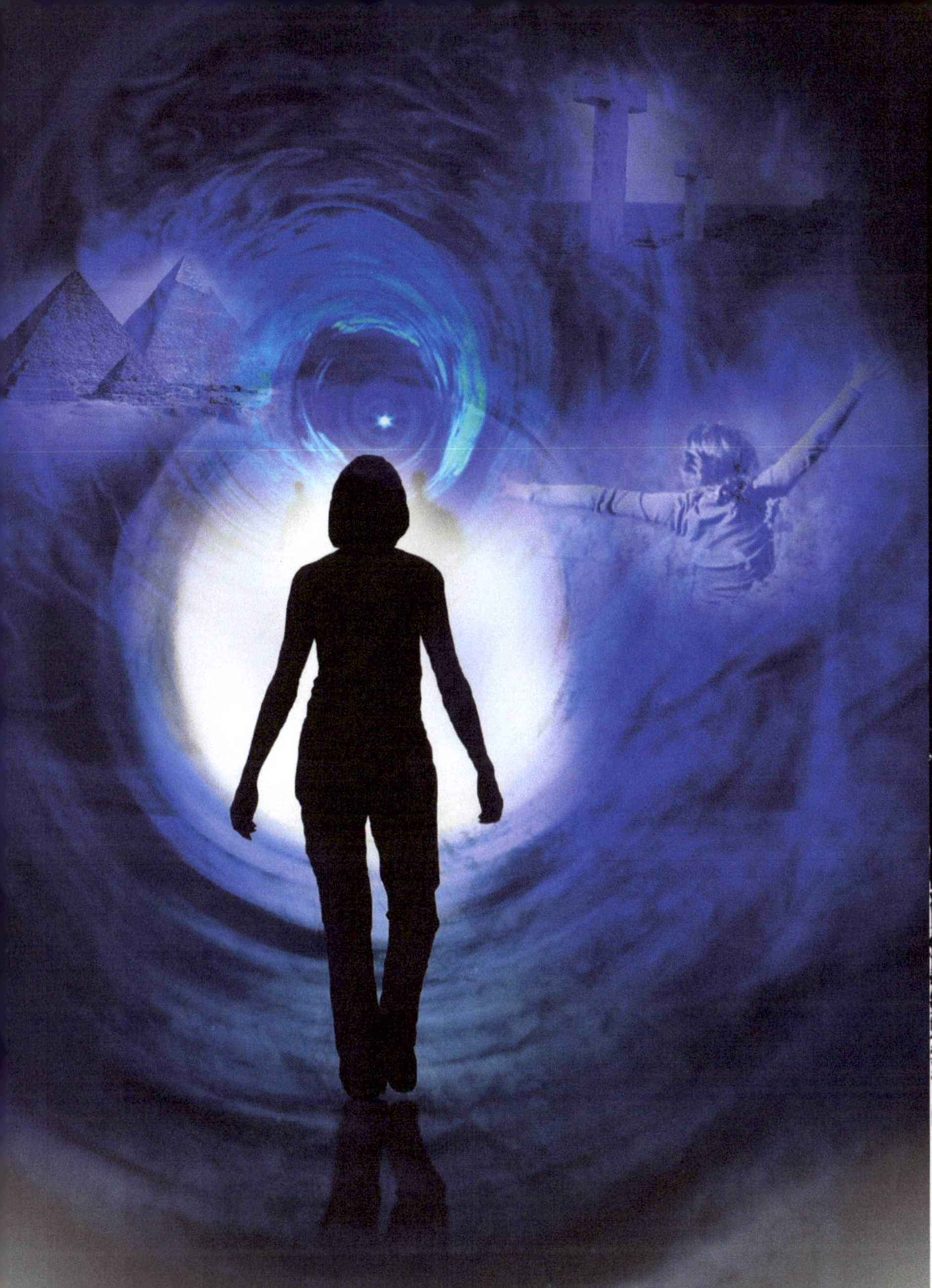

¿Podemos recordar algo de otras vidas? Generalmente sí. No tenemos el recuerdo exacto de lo que fuimos, pero tenemos la intuición, pues nuestras tendencias instintivas son un recuerdo del pasado. Nuestras fobias, traumas, aptitudes artísticas, vocación profesional, miedos, gustos, valentía, precauciones, timidez, espontaneidad, pueden tener su origen en otras vidas.

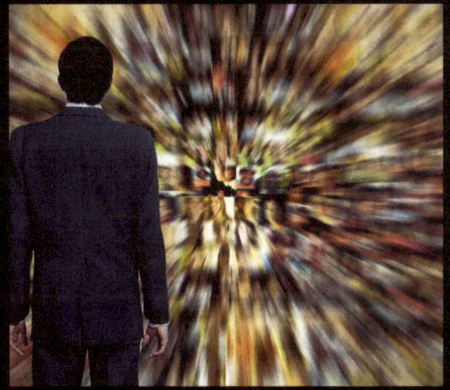

Recordar el pasado podría ser perjudicial, pues podríamos recordar a nuestros antiguos adversarios. Además, verdugos y víctimas estarían dentro de nuestras familias y continuaríamos equivocándonos. Por eso el olvido nos sirve como terapia del perdón.

¿Cómo probar la reencarnación?

El recuerdo de vidas anteriores investigado por reconocidos psiquiatras, es uno de los métodos más contundentes para probar la reencarnación. Las experiencias comprueban la veracidad del pasado, el paciente identifica lugares, fechas, parentescos, nombres y hechos antiguos.

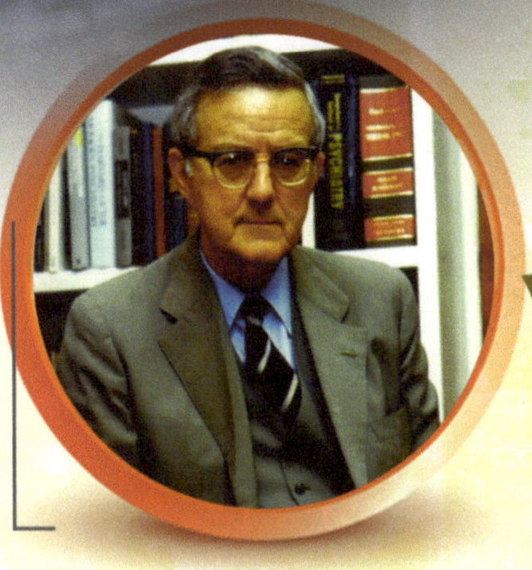

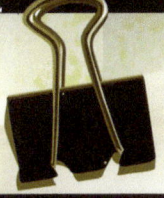

Dr. Ian Stevenson (1918-2007)
Psiquiatra e investigador sobre la reencarnación, él reunió más de tres mil casos, por todo el mundo, de niños que conseguían recordar sus vidas anteriores.

En el Evangelio

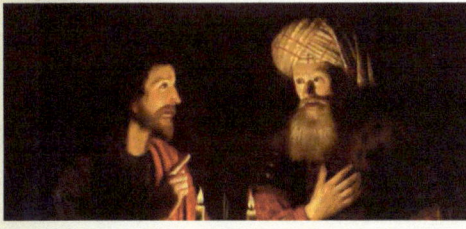

Jesús enseñó la reencarnación en el Evangelio como la "resurrección en la carne". En Juan, cap. 3, v. 1 al 15 está escrito con detalles, el diálogo con Nicodemo: "En verdad, en verdad os digo: Nadie puede ver el reino de Dios si no nace de nuevo".

La Tierra

La Tierra es un planeta que sirve de morada a miles de Espíritus encarnados y desencarnados. Nuestro mundo es gobernado por un grupo de Espíritus superiores, coordinado por Jesús.

De tiempo en tiempo, el planeta pasa por etapas de evolución. Los Espíritus que no acompañan esa evolución son retirados para un mundo en etapa inferior. Es como un alumno que no consigue pasar de año en la escuela y necesita repetir el aprendizaje.

Así sucedió con la Tierra hace miles de años. Cuando existían hombres primitivos, nuestro planeta recibió Espíritus de otro mundo (Capela) y éstos formaron las civilizaciones de la época.

Actualmente la Tierra se encuentra en un proceso de transición. Está dejando de ser un mundo de "expiación y pruebas", donde el mal domina en las personas, para ser un mundo de "regeneración", con una humanidad más pacífica.

Formación de los seres vivos
Al inicio todo era caos. Jesús y el equipo e spiritual, a pocos, fueron manipulando, colocando la tierra, el aire y el agua en sus lugares.

Nombre:
Tierra
Edad:
4,540 millones de años
Población aproximada:
7 mil millones (encarnados)
15 mil millones (desencarnados)
Etapa:
En transición, de mundo de pruebas y expiaciones para regeneración.
Razas de la Tierra:
Amarilla y negra.
Razas de Capela:
Egipcios, la familia indoeuropea, el pueblo de Israel y las castas de la India.

Los Espíritus Puros, dirigidos por Jesús, colocaron una especie de nube por toda la Tierra, que cubría el planeta. Era como unamasa gelatinosa de la cual surgirán los primeros seres vivos.

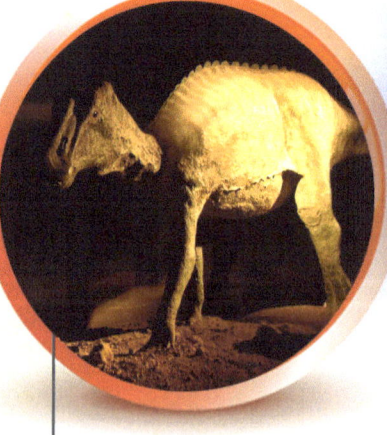

Pluralidad de los mundos
Todos los mundos están poblados por seres vivos, encarnados o desencarnados. Creer que sólo hay vida en nuestro planeta, es desconocer la Sabiduría Divina, que no ha hecho nada inútil.
Todos los mundos tienen un destino.

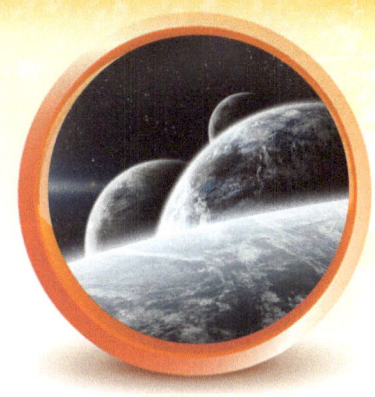

Los mundos transitorios
Son mundos particularmente destinados a los Espíritus que están sin reencarnar.
Esos mundos pueden servir de habitación temporal, como un campo de descanso. La Tierra perteneció a esa tipo durante su formación hace miles de años, cuando sólo existían volcanes y lavas en su superficie.

¿Qué es Capela?
Es la estrella más brillante de la constelación del Cochero. Está a 42 años luz de la Tierra. Millones de Espíritus rebeldes fueron ex pulsados del planeta Capela y acogidos por Jesús en nuestra orbe. Eso sucedió hace miles de años.

¿Quiénes son los exiliados?
Son los espíritus rebeldes, expulsados de Capela que reencarnan en la Tierra. Las razas negra y amarilla son originarias de nuestro planeta. Ellos forman otras cuatro razas: los arias, la civilización de Egipto, el pueblo de Israel y las castas de la India.

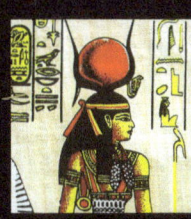

Egipcios: Fue el pueblo que más se destacó en la práctica del bien. Algunos de ellos regresaron a Capela, pero un gran número permaneció en las huestes de Jesús en la Tierra.

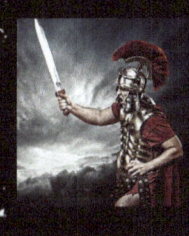

Familia indoeuropea: Ellos no tienen sentimiento religioso, pues traen de Capela una rebelión interior. La mayor virtud de ellos reside en la confraternización con el salvaje de Europa y son la base de la raza blanca.

El pueblo de Israel: La raza más fuerte, más homogénea, monoteísta y orgullosa fue la de los hebreos. Jesús la escogió por ser los más creyentes y necesitados.

Las castas de la India: De los hindúes descienden todos los pueblos arios. El sánscrito es la lengua reminiscente de Capela.

A Camino de la luz

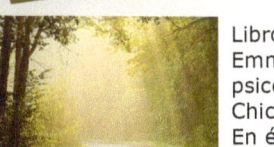

Libro del Espirito Emmanuel, psicografiado por Chico Xa vier.
En él, Emmanuel describe brevemente la historia de la Humanidad, como evolucionó el planeta y las grandes civilizaciones del pasado. Menciona la reencarnación de los Espíritus exilados de Capela.

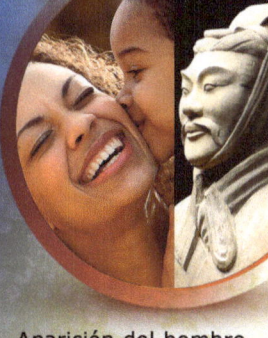

Aparición del hombre
El hombre surgió en muchos lugares y en diferentes épocas. En la Tierra surgieron dos razas principales; la negra y la amarilla; adaptadas al clima, a la vida y a las costumbres.

Oración

La oración es la forma que el hombre tiene para atraer ayuda, orientación y el consuelo de los buenos Espíritus. Estos vienen para apoyarlo en sus buenas decisiones y para inspirarle buenos pensamientos. Los Espíritus siempre d icen: "La forma nada vale, el pensamiento es todo". Así, cada quien debe orar de la manera que más lo sensibilice según a lo que crea.
Un buen pensamiento vale mucho más que hacer una oración con palabras difíciles, sin sentimiento.

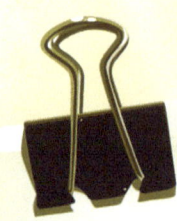

La oración grupal

La oración grupal
Se vuelve más eficaz cuando todos
los que oran se unen de corazón,
a un mismo pensamiento y con el mismo objetivo.

¿Podemos orar por los demás?

Sí. Cuando oramos por otras personas, hacemos eso por u n deseo de realizar el bien.

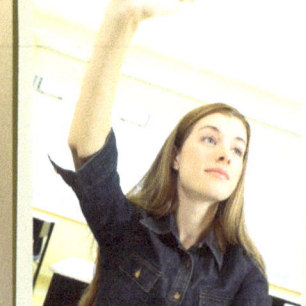

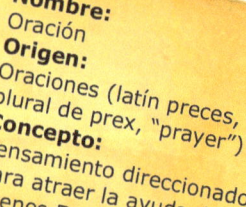

Nombre:
Oración
Origen:
Oraciones (latín preces, plural de prex, "prayer")
Concepto:
Pensamiento direccionado para atraer la ayuda de los buenos Espíritus.
Tipos de oraciones espíritas:
I.- Generales
II.- Para uno mismo.
III.- Por los demás.
IV.- Por los muertos.
V.- Por los enfermos y obsesados.

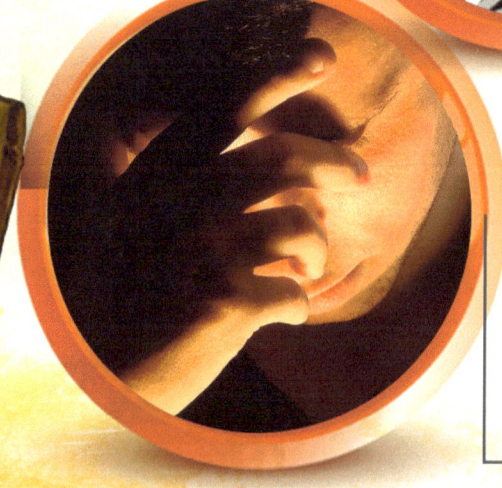

Jesús nos enseña que podemos hacer pedidos durante la oración. Pero sería ilógico si esos pedidos fueran de cosas materiales, pues la Providencia sabe lo que es mejor para nuestro bien.
Lo que debemos pedir es coraje, paciencia y resignación.

En la oración, cada palabra debe tener un sentido e despertar una idea, es decir, debe hacer reflexionar.

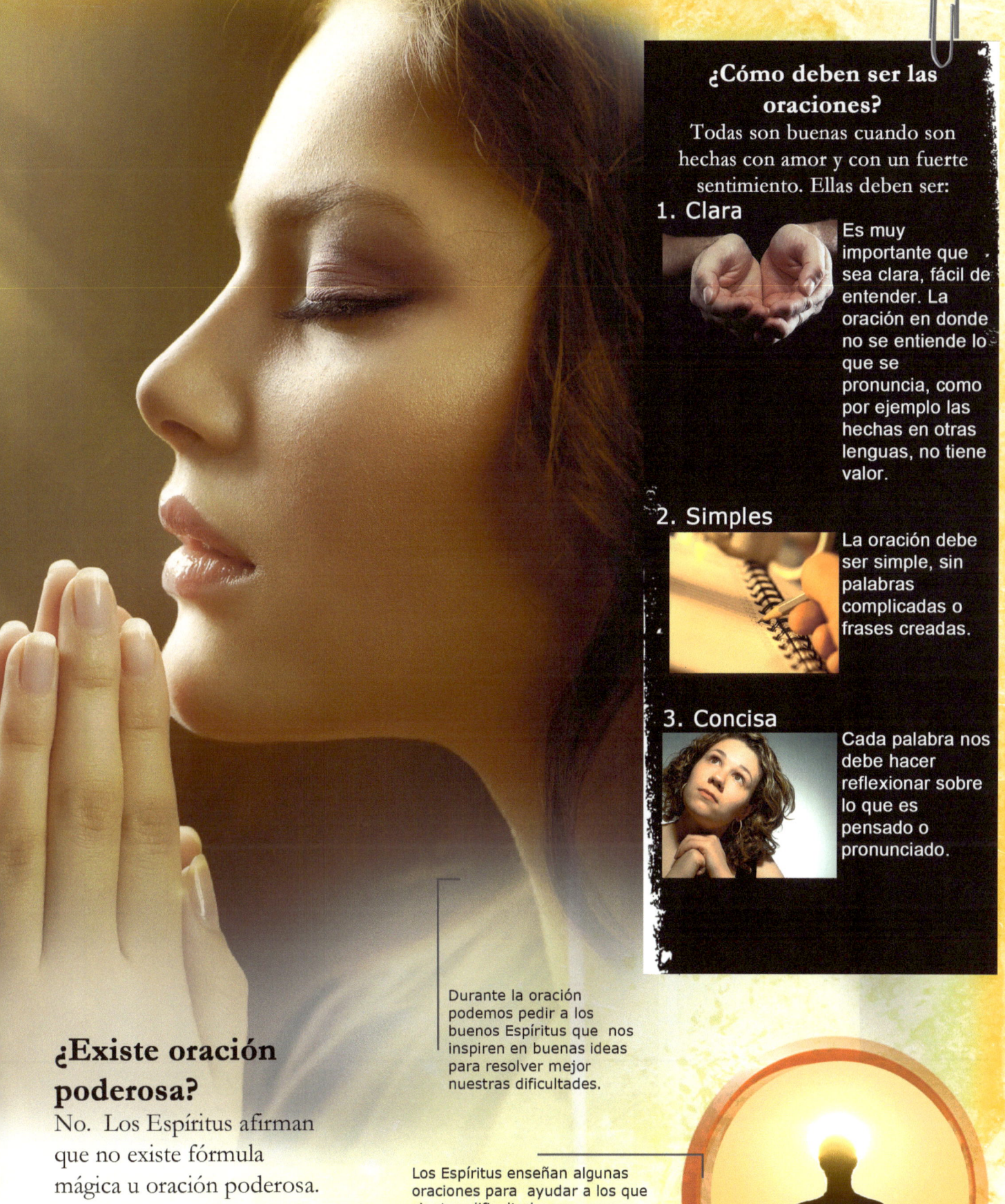

¿Cómo deben ser las oraciones?

Todas son buenas cuando son hechas con amor y con un fuerte sentimiento. Ellas deben ser:

1. Clara

Es muy importante que sea clara, fácil de entender. La oración en donde no se entiende lo que se pronuncia, como por ejemplo las hechas en otras lenguas, no tiene valor.

2. Simples

La oración debe ser simple, sin palabras complicadas o frases creadas.

3. Concisa

Cada palabra nos debe hacer reflexionar sobre lo que es pensado o pronunciado.

Durante la oración podemos pedir a los buenos Espíritus que nos inspiren en buenas ideas para resolver mejor nuestras dificultades.

¿Existe oración poderosa?

No. Los Espíritus afirman que no existe fórmula mágica u oración poderosa. El objetivo de la oración es elevar nuestra alma. Por eso, las diferentes formas en que ellas son realizadas no hacen diferencia.

Los Espíritus enseñan algunas oraciones para ayudar a los que sienten dificultad para expresar sus ideas; pues hay personas que, si no leen o repiten una oración, creen que no oran.

Jesús

Jesús es el Espíritu responsable por la creación de nuestro planeta. Cuando encarnó en la Tierra, nos enseñó la ley máxima del amor incondicional: "Amar al prójimo, inclusive a los enemigos».
La existencia de Jesús fue un ejemplo de práctica del bien, del perdón de las ofensas y de la caridad para con todos, por eso su vida nos sirve de modelo a ser seguido. Sus enseñanzas de humildad y de amor quedaron registrados en los Evangelios y nos sirven de guía moral para nuestra conducta.
Jesús es reconocido como modelo y guía para la humanidad. Su vida es el camino para conocer la Verdad.

¿Jesús es el gobernador del Planeta?

Sí. Él coordina el equipo de Espíritus angelicales responsables por la armonía y por la evolución de la Tierra. Él hace parte de la comunidad de Espíritus divinos, coordinadores por la vida de todos los planetas.

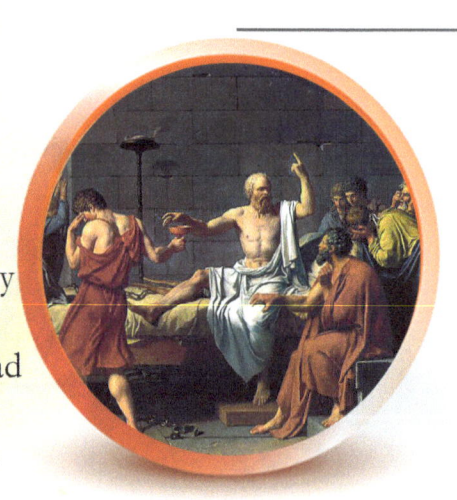

Sócrates
Fue el mayor de todos los filósofos griegos de la antigüedad.
Él fue enviado por Cristo 350 años antes de venir a la Tierra, para enseñar diversas lecciones de moral, preparando el camino para el mensaje del Cristianismo. Las ideas de Dios, de la inmortalidad del alma, de la vida después de la muerte, de la importancia de hacer el bien, de la responsabilidad por nuestros actos, son también principios del Espiritismo.

Nombre:
Jesús de Nazaret
Nacimiento:
8-4? A. C.
Lugar:
Belén,- provincia romana de Judea.
Desencarnación:
29-39 d. C.
Lugar:
Jerusalén – Judea
Ocupación en la Tierra:
Carpintero y rabino.
Ocupación Espiritual:
Coordinador de la Tierra.

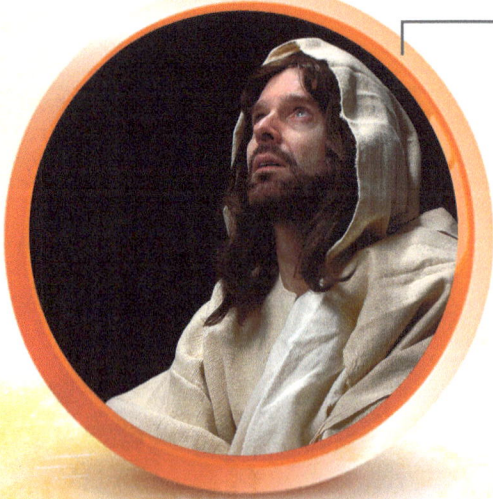

Jesús anunció la venida del Consolador, del Espíritu de Verdad, que habría de enseñar todas las verdades espirituales y de recordar lo que él dijera.

El Espiritismo es el Consolador Prometido. Vino a realizar lo que Jesús dijo: conocimiento del mundo espiritual, haciendo con que el hombre sepa quién es, de donde viene, para donde va. También vino a recordar el mensaje del Cristo en toda su pureza.

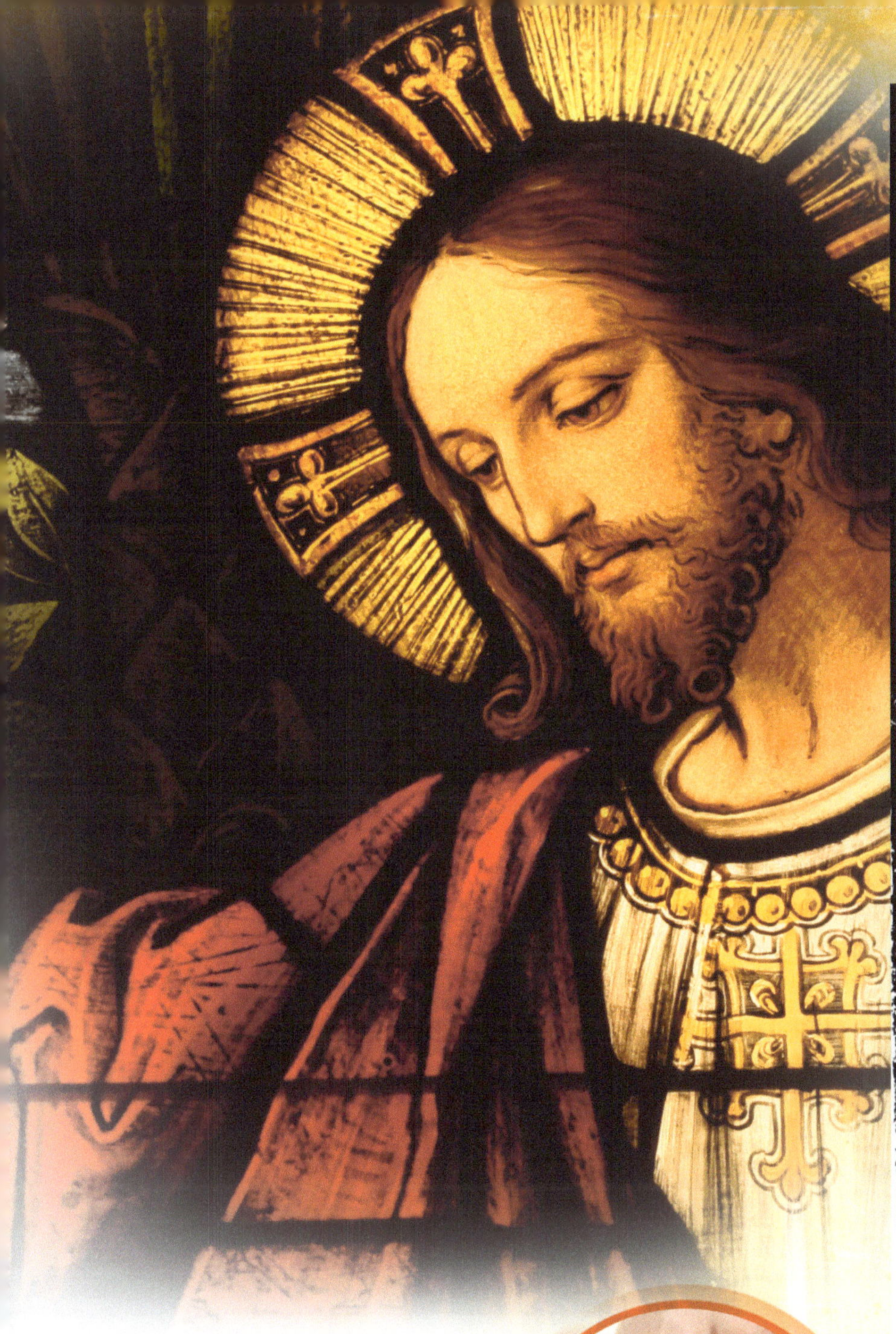

¿Qué enseñó Jesús?

Las enseñanzas de Jesús están en los Evangelios, donde se destaca el "Sermón de la Montaña". Son lecciones de conducta, que dictan los principios para conducir al bien, como ser humilde, misericordioso, manso, pacífico, justo y tener corazón puro. Pueden ser considerados como un resumen de las enseñanzas para tener acceso al mundo espiritual.

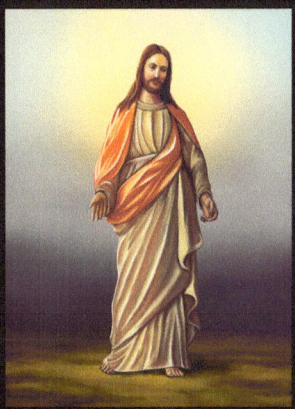

Las bienaventuranzas son:
1. Bienaventurados los humildes;
2. Bienaventurados los afligidos;
3. Bienaventurados los mansos;
4. Bienaventurados los que desean un mundo justo;
5. Bienaventurados los misericordiosos;
6. Bienaventurados los de corazón puro;
7. Bienaventurados los pacíficos;
8. Bienaventurados los inocentes;
9. Bienaventurados los que siguen el bien, aunque sean perseguidos o calumniados.

¿Jesús hizo milagros?

El mayor milagro que Jesús hizo fue la revolución que sus enseñanzas de amor y perdón causaron en los hombres. Este mensaje es capaz de cambiarlos, convirtiéndolos en seres de bien, transformándose así el mundo.

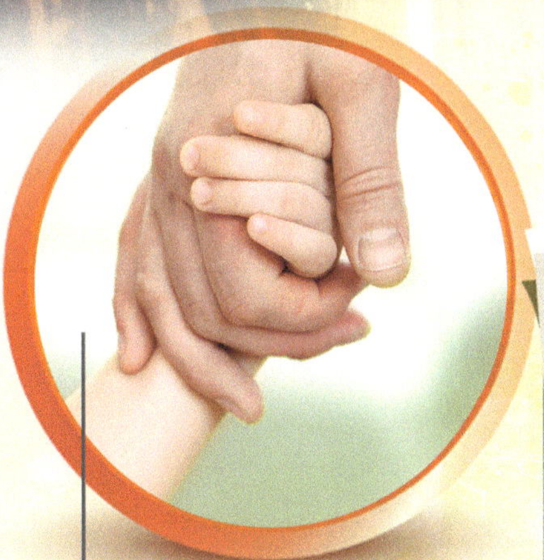

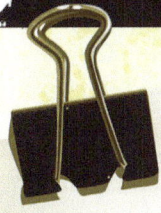

La moral espírita está basada en el Evangelio de Jesús que es el ejemplo de conducta moral a ser seguido.

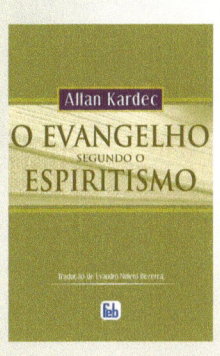

El Evangelio según el Espiritismo" (1864)

El libro nos ayuda a comprender las llecciones de Jesús y aplicarlas en el día a día. La obra enseña el Cristianismo por medio de comentarios sobre los principales mensajes de Jesús hechas por Allan Kardec y por los Espíritus Superiores.

Línea del Tiempo

Los exiliados de Capela

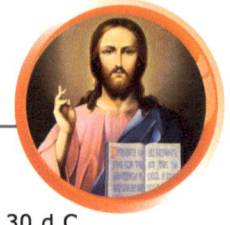

Existe una comunidad de Espíritus Puros directores de los planetas y Jesús es uno de los miembros divinos. Esos Espíritus ya se reunieron 2 vezes:

Pure Spirits modify the perispirit of primitive beings, perfecting the human races.

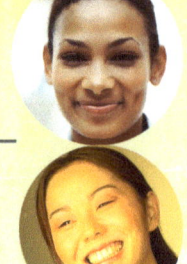

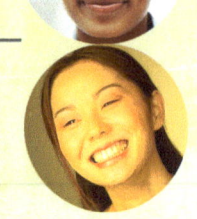

Família indoeuropea
De las arias, desciende la mayoría de los pueblos blancos, esos grupos carecen de afecto religioso y ocupan las regiones de la actual Europa.

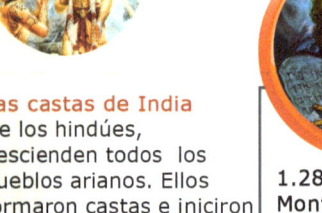

Primera reunión
Ocurrió cuando el planeta Tierra se desprendía de la nebulosa del Sol, para planear el inicio de la formación de la vida material.

La raza negra y amarilla son originarias del planeta.

El Cristo recibe los cuatro grupos de Espíritus rebeldes exiliados de un orbe de la estrella Capela.
Esos cuatro grupos formarán las bases de las civilizaciones futuras.

Las castas de India
De los hindúes, descienden todos los pueblos arianos. Ellos formaron castas e iniciron el Hinduismo.

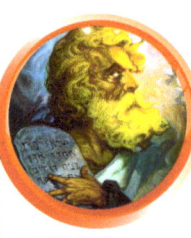

1.280 a.C
Monte Sinai, Egipto La Primera Revelación
Moisés recibe los 10 Mandamientos en el Monte Sinaí.

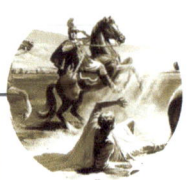

30 d.C.
Israel
La Segunda Revelación.
Jesús enseña el Evangelio, las Bienaventuranzas y materializa la ley de amor en la Tierra.

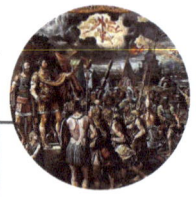

34 d.C.
Damasco, Siria
Paulo se convierte al Cristianismo e inicia la difusión de la Doctrina en el occidente.

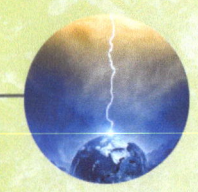

Segunda reunión
Fue realizada para decidir la venida de Jesus a la Tierra, con el objetivo de enseñar a la humanidad la lección de su Evangelio de amor sin límites.

24.000 a.C.
Medio Oriente
El Cristo reunió los exiliados en Irán, para orientarlos antes de la reencarnación de ellos en la Tierra.

El pueblo de Israel
Los hebreos fueron la raza más fuerte y más homogénea, monoteísta

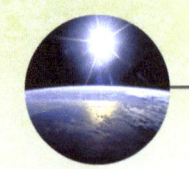

La civilización egipcia
Los egipcios son el pueblo más evolucionado de Capela.

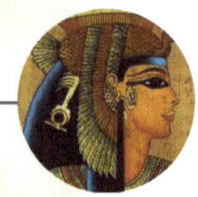

450 a.C
Atenas, Grecia
Sócrates difunde las enseñanzas filosóficas, iniciando el camino al Cristianismo.

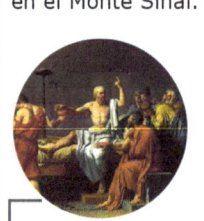

312 d.C.
Roma, Italia
El emperador Constantino, convierte al Cristianismo religión oficial del Imperio Romano.

4,6 mil millones de años	4000 a.C.	476 d.C
PREHISTORIA	**EDAD ANTIGUA**	**EDAD MEDIA**

1 a 4 milhões de anos a.C.

SURGIMIENTO DEL HOMBRE EN LA TIERRA

Año 0

MAYORÍA ESPIRITUAL DEL PLANETA TIERRA

Espírita

Fecha las Tres Revelaciones para Occidente:

- 1280 a.C.
  Primera Revelación
  Monte Sinai, Egipto. (Moisés)

- 30 d.C.
  Segunda Revelación
  Israel. (Jesús)

- 1857
  Tercera Revelación
  París, Francia. (El Espiritismo)

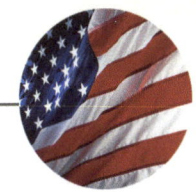

**1500
Estados Unidos**
El Cristo determina a América a ser el cerebro de la nueva civilización y de la cultura.

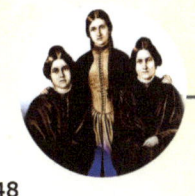

**1848
Hydesville,
Estados Unidos**
Fenómenos de golpes suceden en la casa de las Hermanas Fox. Sirve de punto de partida para el Espiritismo.

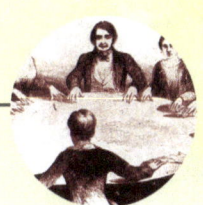

**1850
Francia**
Los fenómenos de las mesas girantes se vuelven populares En la sociedad francesa.

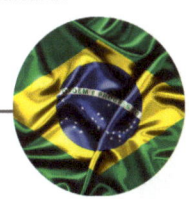

**1500
Brasil**
El Cristo encarga al ángel Ismael el territorio brasileño, destinado a ser el "Corazón del Mundo y la Patria del Evangelio".

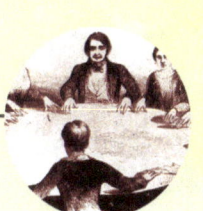

Yverdon - 1815
Pestalozzi, el gran pedagogo suizo, se vuelve profesor del joven Hippolyte Denizard, conocido más tarde como Allan Kardec.

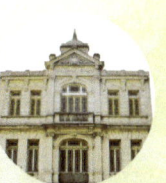

**1857
París, Francia
La Tercera Revelación**
Allan Kardec publica "El Libro de los Espíritus" y da inicio al Espiritismo.

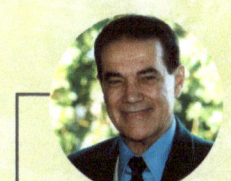

**1884
Rio de Janeiro (RJ)**
Es fundada la Federación Espírita Brasilera (FEB) por Augusto Elias da Silva.

**1927
Feira de Santana (BA)**
Reencarna el médium y orador Divaldo Franco.
Él dedica su vida a la difusión del Espiritismo en el mundo.

Europa- 1800
El Cristo convoca guías espirituales de todo el planeta para dar inicio a la Tercera Revelación.

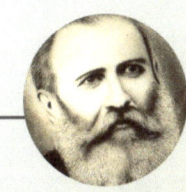

Riacho do Sangue 1831
Reencarna Bezerra de Menezes, "El médico de los pobres", que implantaría el Espiritismo en Brasil.

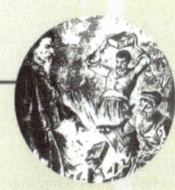

**1861
Barcelona, España**
En plaza pública, son quemados 300 libros espíritas, en el llamado "Auto de Fe de Barcelona".

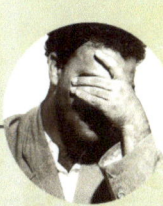

**1910
Pedro Leopoldo (MG)**
Reencarna Chico Xavier, el mayor médium espírita de todos los tiempos.
Psicografió más de cuatrocientos libros espíritas.

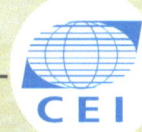

**1982
Madrid, España.**
Fundado el Consejo Espírita Internacional, institución resultante de la reunión de entidades espíritas del mundo.

1453 d.C.   1789 d.C.   dias actuales

EDAD MODERNA   **EDAD CONTEMPORÁNEA**

(fecha desconocida)

**TERCERA REUNIÓN
DE ESPÍRITUS PUROS
PARA DESIGNAR
EL FUTURO DE LA TIERRA COMO
MUNDO DE REGENERACIÓN**

Mapa Geográfico Espírita

París - 1857
La Tercera Revelación
La Tercera Revelación Allan Kardec publica "El Libro de los Espíritus" y da inicio al Espiritismo.

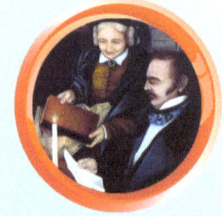

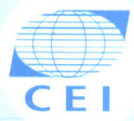

Madrid - 1992
Fundado el Consejo Espírita Internacional, institución resultante de la reunión de entidades espíritas del mundo.

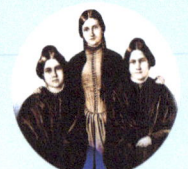

Hydesville - 1848
Fenómenos de golpes suceden En la casa de las Hermanas Fox. Sirve de punto de partida para el Espiritismo.

Riacho do Sangue - 1831
Reencarna Bezerra de Menezes, "El médico de los pobres", que implantaría el Espiritismo en Brasil.

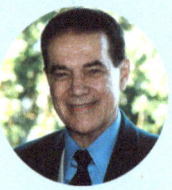

Feira de Santana - 1927
Reencarna el médium y orador Divaldo Franco. Él dedica su vida a la difusión del Espiritismo en el mundo.

Estados Unidos - 1500
El Cristo determina América a ser el cerebro de la nueva civilización y de la cultura.

Brasil - 1500
Cristo encarga al ángel Ismael el territorio brasileño, destinado a ser el "Corazón del Mundo y la Patria del Evangelio"

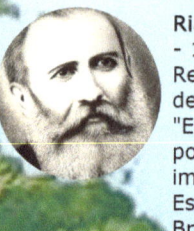

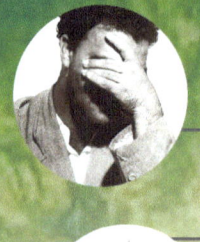

Pedro Leopoldo (MG) - 1910
Reencarna Chico Xavier, el mayor médium espírita de todos los tiempos. Psicografió más de cuatrocientos libros espíritas.

Las Tres Revelaciones para Occidente:

Primera Revelación
Monte Sinai, Egipto.
(Moisés)

Segunda Revelación
Israel.
(Jesús)

Tercera Revelación
París, Francia.
(El Espiritismo)

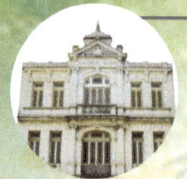

Rio de Janeiro - 1884
Es fundada la Federación Espírita Brasilera (FEB) por Augusto Elias da Silva.

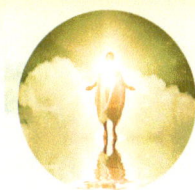

Europa- 1800
El Cristo convoca guías espirituales de todo el planeta para dar inicio a la Tercera Revelación.

Francia - 1850
Los fenómenos de las mesas giratorias se vuelve popular en la sociedad francesa.

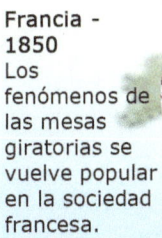

Yverdon - 1815
Pestalozzi, el gran pedagogo suizo, se vuelve profesor del joven Hippolyte Denizard, conocido más tarde como Allan Kardec.

Grecia - 450 a.C
Sócrates difunde las enseñanzas filosóficas, iniciando el camino al Cristianismo.

Damasco - 34 d.C.
Paulo se convierte al Cristianismo e inicia la difusión de la Doctrina en el occidente.

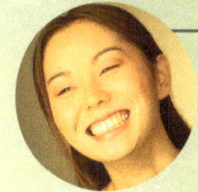

Asia
La raza amarilla es originaria del planeta Tierra.

Familia indoeuropea
Los indoeuropeos carecen de apego religioso, trayendo de Capela una rebeldía íntima. Ocupan las regiones de la actual Europa.

Medio Oriente - 24.000 a.C.
El Cristo reunió los exiliados de Capela, en la maseta de Irán, para orientarlos antes de su reencarnación en la Tierra.

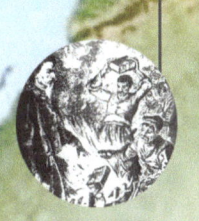

Barcelona- 1861
En plaza pública, son quemados 300 libros espíritas, en el llamado "Auto de Fe de Barcelona".

Roma - 312
El emperador Constantino, convierte al Cristianismo religión oficial del Imperio Romano.

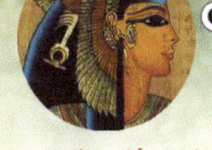

La civilización egipcia
Los egipcios son el pueblo más evolucionado de Capela. Ellos tomaran esta región.

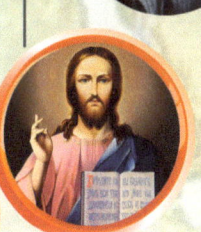

Egipto - 1280 a.C
La Primera Revelación.
Moisés recibe los 10 Mandamientos en el Monte Sinaí.

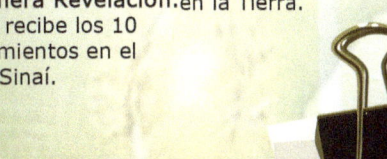

Israel - 30. d.C.
La Segunda Revelación.
Jesús enseña el Evangelio, las Bienaventuranzas y materializa la ley de amor en la Tierra.

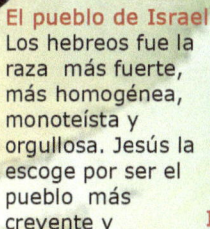

El pueblo de Israel
Los hebreos fue la raza más fuerte, más homogénea, monoteísta y orgullosa. Jesús la escoge por ser el pueblo más creyente y necesitado.

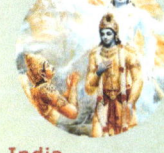

India
De los hindúes, descienden todos los pueblos arianos. Ellos conformaron castas y dieron inicio al Hinduismo, e más tarde al Budismo.

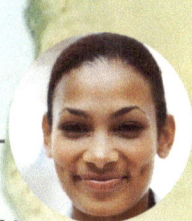

África
La raza negra es originaria del planeta.

Espíritus exiliados de Capela
Los cuatro grupos espirituales, parten de la región Oriente Medio (Irán) y se desplazan a cuatro regiones geográficas.

 ● La familia indoeuropea

 ● India

 ● La civilización egipcia

 ● El pueblo de Israel

43

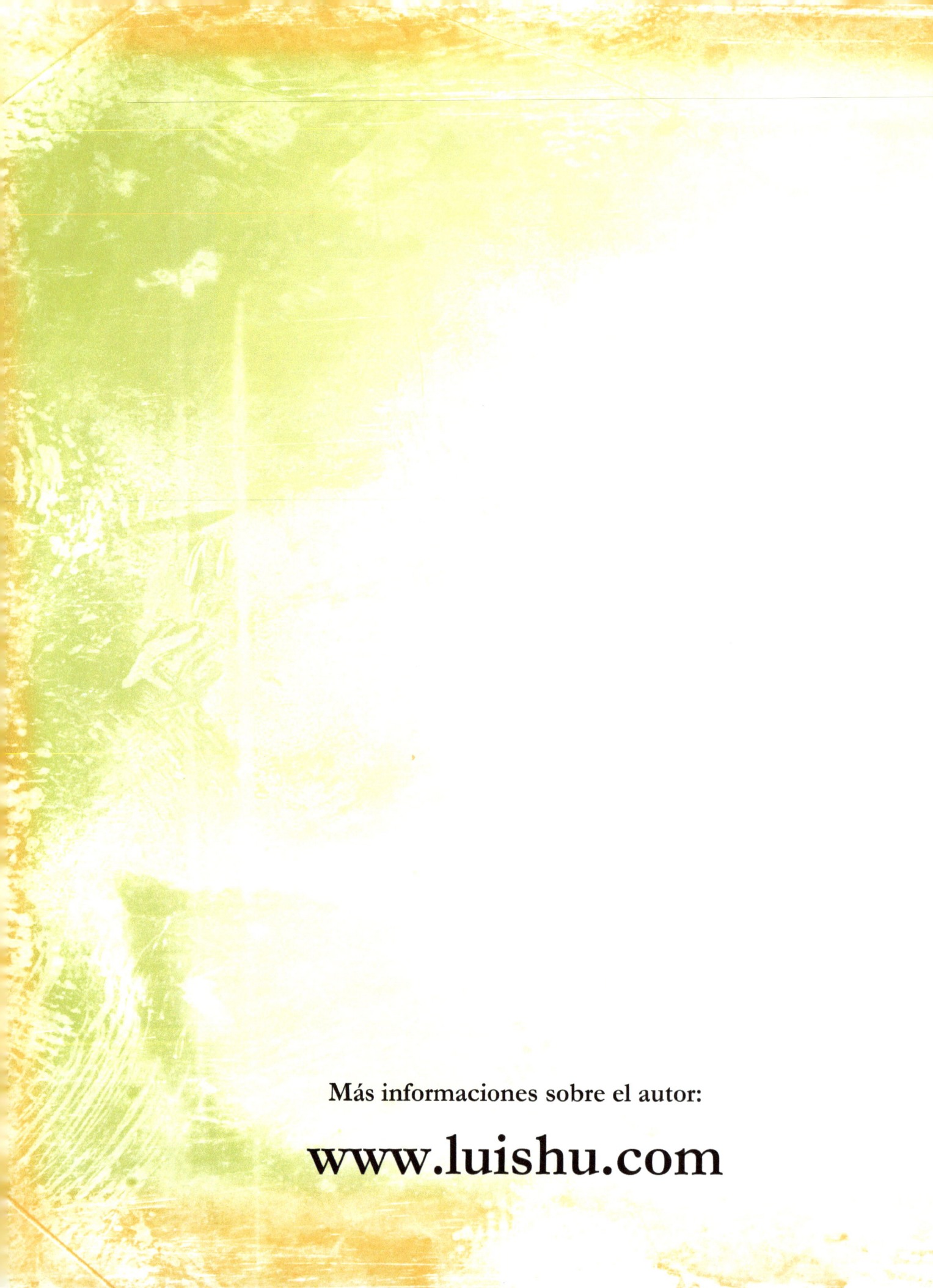

Más informaciones sobre el autor:

www.luishu.com

www.ingramcontent.com/pod-product-compliance
Lightning Source LLC
Chambersburg PA
CBHW040412220526
45473CB00004B/1215